Edition SYLTHELD im

Verlag Frank-Daniel Schulten

Siegfried Jacobsohn

DIE ERSTEN TAGE

Edition SYLTHELD
Band 3
Verlag Frank-Daniel Schulten

Die Originalausgabe erschien 1916 zu Konstanz in der Verlagsanstalt Reuß & Itta.

Lektorat, Anmerkungen und sprachliche Überarbeitung des Ursprungstextes: Frank-Daniel Schulten.

1. Auflage 2014, zum hundertjährigen Gedenken an den Ausbruch des Ersten Weltkriegs.

Edition Syltheld im Verlag Frank-Daniel Schulten.
www.syltheld.de
www.schulten-verlag.de
www.fulcanelli.de
Druck: BoD GmbH, Norderstedt.
Umschlaggestaltung: www.entwurf-satz-druck.de,
unter Verwendung einer von Sabine Hilbrandt.bearbeiteten Photographie von Westerland aus den 1920er Jahren.

Printed in Germany.
ISBN 10: 3-932961-40-4
ISBN 13: 978-3-93296140-3

INHALTSVERZEICHNIS

INSEL X:
AUGUST 1914

Frank-Daniel Schulten

In der bisherigen Chronologie unserer *„Edition Syltheld"* markiert der vorliegende Band einen Wendepunkt, ist es doch Zeugnis des jähen Einbruchs der Moderne auf Sylt. Während C.P. Hansens *„Sylter Sagen und Erzählungen"* noch das historische, vor-touristische und weltabgewandte Antlitz der Insel zeigten, hatte es in Rodenbergs *„Stilleben auf Sylt"* bereits deutlich kosmopolitischere Züge angenommen. Siegfried Jacobsohns Bericht aus dem Jahr 1914 entwickelt sich nun vor dem Hintergrund eines Ortes, in dem der Fremdenverkehr selbstverständlicher Bestandteil des Alltagslebens geworden ist. Auch der Verfasser selbst war zu diesem Zeitpunkt bereits regelmäßiger Gast auf der Insel.

Der am 28.01. 1881 in Berlin in kleinen Verhältnissen geborene Sohn jüdischer Eltern entdeckte schon als Neunjähriger seine Liebe zum Theater. Obwohl er die Schule ohne Abitur verließ, konnte er an der Königlichen Friedrich-Wilhelm-Universität Germanistik studieren, was damals noch ohne Zulassung möglich war. Aufgrund glücklicher Fügungen konnte Jacobsohn bereits ab 1901 Theaterkritiken für die *„Welt am Montag"* schreiben, wo er sich rasch einen Namen als pointierter, stilistisch brillanter, aber auch teils sehr scharfer und umstrittener Kritiker machte. Mit Zeilen wie den folgenden machte er sich viele Feinde: „In der fünfundfünfzigjährigen Minna von Barnhelm Johanna Buskas, Gattin des Direktors Angelo Neumann, sah er mit ‚kaltem Schrecken eine ‚Mumie, die alle Künste der Leichenkammer' aushauche. (Jacobsohn 2005, V, S. 14)

Der damalige Herausgeber der *„Welt am Montag"*, Hellmuth von Gerlach, schrieb über Jacobsohn: „Dieser Jüngling hatte buchstäblich jeden Abend seines Schülerdaseins im Theater verbracht. Er kannte jeden Schauspieler in jeder Rolle, und er kannte die gesamte Bühnenliteratur. Dabei eine Treffsicherheit des Urteils, die bei solcher Jugend kaum vorstellbar schien. Es war ein Phänomen". (Jacobsohn 2005,V, S. 12)

In dieser Zeit verfaßte Jacobsohn eine Geschichte des Theaters der Reichshauptstadt, die 1904 erschien. Bei der Vorbereitung zu dem Buch hatte er alle ihm zur Verfügung stehenden Theaterkritiken studiert, was nach seinen eigenen Angaben dazu führte, daß er zahlreiche Formulierungen unterschiedlichster Autoren unbewußt aufgenommen hatte. So kam es, daß Jacobsohn wohl unabsichtlich in zwei Rezensionen Passagen aus Texten des Kritikers Alfred Gold gebrauchte. Das *„Berliner Tageblatt“*, dessen Feuilleton ohnehin auf Kriegsfuß mit dem jungen Autor stand, bezichtigte ihn daraufhin des Plagiats. Obschon prominente Fürsprecher (z.B. Arthur Schnitzler und Erich Mühsam) ihn in Schutz zu nehmen versuchten, setzte diese Affäre seiner Kritikerlaufbahn ein vorläufiges Ende.

Jacobsohn reiste daraufhin erst nach Wien, dann nach Italien und Paris, um 1905 nach Berlin zurückzukehren. Noch im selben Jahr publizierte er die erste Ausgabe der *„Schaubühne“*, die sich rasch zur wichtigsten deutschen Theaterzeitschrift ihrer Epoche entwickelte. Nach Ende des Ersten Weltkriegs benannte er sein Periodikum in die *„Weltbühne“* um, was mit einer deutlichen Erweiterung ihres inhaltlichen Spektrums einherging. Sie präsentierte sich nun als *„Wochenschrift für Politik, Kunst, Wirtschaft“*. Auch in diesem neuen Gewand setzte sie Maßstäbe und bot Autoren wie Kurt Tucholsky und Carl von Ossietzky ein Forum für ihr Wirken, was sie zu *„der* radikaldemokratischen und pazifistischen Zeitschrift der Weimarer Republik“ machte. (Jacobsohn 2005, V, S. 34)

Trotz seiner pazifistischen Grundhaltung war Jacobsohn aus finanziellen Gründen gezwungen, ab 1914 Anzeigen für Kriegsanleihen innerhalb der „*Schaubühne*" zu veröffentlichen. Auch andere hurra-patriotische Artikel fanden in dieser Zeit Eingang in das Blatt, die seinen Idealen eigentlich zuwiderliefen, aber nur so konnte er die Zeitschrift durch diese schwierigen Jahre führen, nicht zuletzt, um der stets drohenden Zensur zu entgehen.

Bei Kriegsausbruch war Jacobsohn wegen seiner geringen Körpergröße (sie betrug lediglich 1 Meter 57) und wegen eines Augenleidens als wehruntauglich eingestuft. 1916 wurde er allerdings eingezogen und mußte ein Gefangenenlager bewachen. Er schrieb. „Als Infanterist (...) bin ich photographiert worden. Das Bildnis schmückt meine Brieftasche und wird allen Leuten gezeigt, die gerne lachen. Kein Gefangener hätte zu fliehen versucht, weil ihn nichts in der weiten Welt für das Vergnügen meines Anblicks entschädigt hätte. Nach dem Krieg plante ich eine Vervielfältigung mit der Unterschrift, dass ein Heer besiegt werden mußte, das darauf angewiesen war, Gestalten wie diese in Müllkutscherhosen wie diese zu stecken. Humorlose Ratgeber fielen mir in den Arm. Wenigstens hatte ichs seinerzeit, im März 1916, als Ansichtskarte an meine Bekannten geschickt." (Jacobsohn 2005,V, S. 337)

Später wurde er zu Bürodiensten eingeteilt, um dann als Herausgeber der *„Schaubühne"* schließlich endgültig freigestellt zu werden. Nach weiteren kreativen Jahren starb Jacobsohn am 3.12.1926, nur fünfundvierzigjährig, an den Folgen eines epileptischen Anfalls.

Tucholsky schrieb später über ihn: „Ich für meinen Teil schäme mich nicht, die absolute Überlegenheit anzuerkennen, die dieser Mann, ohne in vierzehn Jahren auch nur ein Mal zu verletzen, mich jederzeit empfinden ließ. Er war einfach stärker. Er wußte mehr. Er konnte sein Handwerk besser. Man mußte sich beugen, und es war gut nachzugeben – denn von allen seinen Ratschlägen, von allen Winken, von allen Kampfbefehlen weiß ich keinen, der nicht zum Nutzen der Sache und nicht zu unser aller Nutzen ausgeschlagen wäre." (Jacobsohn 2005, V, S. 10)

Auf der noch heute vorhandenen Gedenktafel an seinem ehemaligen Berliner Haus stehen folgende Zeilen:

„Hier, damals Dernburgstr. 25, lebte und arbeitete von 1910 bis 1921, Siegfried Jacobsohn, (28.01.1881-3.12.1926), Gründer und Herausgeber der unabhängigen Wochenschrift „Die Weltbühne", Demokrat und Pazifist, Verfechter von Meinungsfreiheit und Völkerverständigung."

Seit 1909 verbrachte Jacobsohn seine Sommerurlaube ausschließlich in Kampen auf Sylt, wo er ab 1919 auch ein Haus besaß. Auf der Insel erlebte er dann im August 1914 den Ausbruch des Ersten Weltkriegs. Seine Eindrücke schilderte er in einem *„Kriegstagebuch"*, das ursprünglich in sechs Folgen vom 27.08.1914 bis zum 8.10.1914 in der *„Schaubühne"* erschien. Der hier vorliegende Neudruck stützt sich auf die 1916 veröffentlichte Buchausgabe, die innerhalb der Reihe *„Zeitbücher"* in der Verlagsanstalt *Reuß & Itta* publiziert wurde. In dieser Edition erschienen ab 1915 Texte unter anderem von Hans Franck, Hermann Hesse, Heinrich Lhotzky, Karl Escher, Theodor Heuss, Heinrich Schaeff und Kurt Münzer, bevor man sie 1920 nach 99 Ausgaben einstellte.

Jacobsohns Bericht nimmt unter den Weltkriegsbüchern seiner Zeit eine Sonderstellung ein. Es ist nicht das Grauen der Schlachtfelder und Schützengräben, das er schildert, sondern die wachsende Beklemmung, die

Ahnung des kommenden Grauens, die allmählich in das Alltagsgeschehen und die Sylter Ferienidylle einsickert. Jacobsohns Beobachtungen sind subtil, aber mit derselben Scharfsicht, die ihn als Theaterkritiker auszeichnete, seziert er hier das beginnende Menschheitsdrama namens „Weltkrieg". Sylt wird dabei nicht einmal namentlich genannt, sondern taucht nur als „Insel X" auf. (Man vermutet als Grund die kriegsbedingte Zensur.)

Das „Rote Kliff" bildet im Text den einzigen konkreten Bezugspunkt. Selbst Westerland erwähnt Jacobsohn nur als die „abscheuliche Badestadt". Auf diese Weise wird Sylt zu einem archetypischen Hintergrund, vor dem sich die Weltgeschichte im Kleinen entspinnt. Dabei glüht aus den Zeilen stets die fiebrige Atmosphäre hervor, welche die Gesellschaft immer mehr zu vergiften beginnt. Auch der Leuchtturm wird so zum Verkünder des nahenden Unheils: „Das Licht erlosch."

Geradezu trotzig widersetzt sich Jacobsohn dem Geschehen, indem er — ganz Schöngeist und Ästhet — sich in die Kunst flüchtet. Seine immer wieder in den Text eingestreuten Lyrik- und Theaterzitate sowie die Reflexionen über künstlerische Topoi kann man als ein Ansingen gegen den anbrausenden weltgeschichtlichen Wahnsinn begreifen. Daß er am dritten August eine umfangreiche Geburtstagshuldigung seines Lehrers und Mentors Paul Schlenther einfügt, mag auf den ersten Blick irritieren. Tatsächlich ist diese Textpassage jedoch eine Art Bannformel, ein geistiger Schutzwall gegen das heranbrandende Böse.

Auch wenn der heutige Leser manche der zeittypischen und theaterspezifischen Ausführungen nicht in allen Details nachzuvollziehen vermag, so präsentieren sie sich ihm als das, was Jacobsohn in ihnen sah: die einzige Waffe des Künstlers in einer zersplitternden Welt, und als solche sind sie absolut zeitlos.

Jacobsohns Abreise von der Insel wird dann schließlich für ihn zu einer Vertreibung aus dem Paradies. „Ich will noch nicht in eine Welt zurück, wo all das möglich ist," schreibt er kurz zuvor, denn seine Vorahnung des Kommenden ist erstaunlich präzise und ungetrübt von jeglichem Hurra-Patriotismus. Es sind Passagen wie die folgenden, welche eine Weitsicht offenbaren, die zu diesem Zeitpunkt in Europa weitgehend solitär gewesen ist:

„Man schreibt mir, daß dort eine Begeisterung für den Krieg herrsche, die nicht erlebt und nicht geteilt zu haben ein Verlust für meine Seele bleiben werde. Nun, meine Seele ist im Zweifel, ob sie gerade jetzt einen Aufschwung nehmen würde. Sie hat für ihre leuchtenden Stunden bisher wesentlich zarteren Anlaß und Inhalt gehabt als einen Krieg aller gegen alle. Sie neigt dazu, eine Veredlung der Menschen erstrebenswerter zu finden als ihre schreckensvolle Verminderung. Sie hat beklemmende, atemraubende, blickverschleiernde Vorstellungen von dampfenden Gebeinen auf blutgenäßten Schlachtfeldern, von losgefetzten Körperteilen zwischen umgestülpten Kanonen, von brüllendem Neid der Verwundeten auf die Toten, von jammernden Frauen und hungernden Kindern."

„Sollte das nicht auch die Formel für den Rausch der Berliner sein? Ich glaube an eine Massenhypnose, der selbst ausgepichte Skeptiker nicht widerstehen können, an alle Erscheinungen einer Kriegspsychose, an Scham vor dem Nebenmann, an schäumende Wut und zähneknirschenden Trotz eines Volkes, das sich überfallen wähnt, an Selbstbetäubung, an die Flucht vor den nächstliegenden Befürchtungen in ein Allgemeingefühl, an was sonst ihr wollt." (...)

„Unsere Bücher und Bilder und Theater und Philosophen und all das können wir, wenn es losgeht, bis auf weiteres einmotten. Das ärgste Mittelgut — in geistiger

Beziehung — kommt hoch; und was das betrifft, daß es hoch kommt, so wird man sich anschließen.“ (...)

„Holde, freundliche Gewohnheit, das Dasein von mehreren Seiten zu betrachten, eine zerlegende Hirnkraft zu betätigen, für die Nuance das rechte Wort an die rechte Stelle zu setzen — von dir soll ich lassen? Freiwillig: gern; wenn es mir aus politischen oder kunstpolitischen Gründen nützlich erscheint. Gezwungen: in tormentis!“

„Die ersten Tage“ ist ein großes kleines Buch und sicherlich einer der interessantesten Sylter Inselberichte. Neben den bekannten Weltkriegsromanen etwa eines Erich Maria Remarque verdient es unbedingt eine Wiederentdeckung. Es ist wesentlich subtiler als seine berühmteren Parallelveröffentlichungen, aber gerade jetzt – hundert Jahre nach Ausbruch des Ersten Weltkriegs - liegt darin sein ganz besonderer Wert. In vielen Punkten ist der Inhalt nämlich geradezu erschreckend aktuell. Wenn Jacobsohn beispielsweise schreibt: „Noch vor Wochen ahnte niemand, daß Rußland ein ‚Todfeind' sei.“, so könnte dieser Satz auch heute entstanden sein und auf die zweifelhafte Rolle der zeitgenössischen Presse beim Anfachen aktueller Konflikte übertragen werden. In einer Zeit, in der das Militärische wieder eine ungeahnte

Renaissance erlebt, ist es umso wichtiger, mit aller Macht dagegenzuhalten. Jacobsohns Buch kann dabei ein wertvoller Augenöffner sein.

Rantum, im August 2014.

Quellen:

Enseling, Alf: *Die Weltbühne. Organ der intellektuellen Linken*, Münster 1962.

Hecht, Heidemarie: *Von der ‚Schaubühne' zur ‚Weltbühne'. Der Entstehungsprozeß einer politischen Zeitschrift (1913 bis 1919)*, Dissertation, Jena 1991.

Jacobsohn, Siegfried: *Gesammelte Schriften 1900-1926, Herausgegeben und kommentiert von Gunther Nickel und Alexander Weigel in Zusammenarbeit mit Hanne Knickmann und Johanna Schrön*, Band I-V, Göttingen 2005.

Reich-Ranicki, Marcel: *Der solide Schwärmer.* In: Ders.: *Die Anwälte der Literatur*, Stuttgart 1994, S. 203–216.

Schulze, Rolf: *Der Theaterkritiker Siegfried Jacobsohn*, Leipzig o.J.

Steinke, Wolfgang: *Der Publizist Siegfried Jacobsohn als Theaterkritiker*, Berlin 1960.

Tucholsky, Kurt: *Gedenken an Siegfried Jacobsohn.* In: *Die Weltbühne*, Jg. 23, Nr. 48 vom 29. November 1927, S. 810–812.

Zu dieser Ausgabe:

Unserer Neupublikation liegt die 1916 zu Konstanz in der Verlagsanstalt *Reuß & Itta* erschienene Veröffentlichung zugrunde, wo das Buch als Band 65 der Reihe „*Zeitbücher*“ erschien. Der gesamte Text wurde von der Frakturschrift in eine moderne Type übertragen.

Die Interpunktion wurde an einigen Stellen geringfügig verändert. An wenigen Passagen wurden behutsame Korrekturen durchgeführt. So wurde beispielsweise ein Satz wie

„Im Süden gießts, im Norden ists schon hell,“

umgeschrieben in:

„Im Süden gießt es, im Norden ist es schon hell.“

„Unsre“ wurde z.B. in „unsere“ umformuliert.

Wo der heutige Sprachgebrauch ein fehlendes Wort als grammatikalisch fehlerhaft einstufen würde, haben wir es stillschweigend eingefügt, z.B.:

(...)„Marktplatz und Kirche, daß man sich verwundert fragt, warum man nie von dieser winzigen Stadt gehört, und ob es hier oben überall so aussieht."

wurde zu

(...) „Marktplatz und Kirche, daß man sich verwundert fragt, warum man nie von dieser winzigen Stadt gehört ***hat***, und ob es hier oben überall so aussieht."

Ungewohnte Begriffe wie das Shakespeare-Zitat „Spükezeit der Nacht" oder „gepönt" wurden beibehalten. Textpassagen, die sich auf den Deutsch-Französischen Krieg 1870/71 beziehen, und den Jacobsohn nur mit „Siebzig" erwähnt, wurden um des besseren Verständnisses willen in „1870" umgewandelt.

Coverbild der Originalausgabe von 1916

Titelblatt der Originalausgabe von 1916

Die ersten Tage

Von

Siegfried Jacobsohn

Reuß & Itta, Verlagsanstalt, Konstanz a. B.

Den Zwillingen Framhein

Statt eines Vorworts

Der Herausgeber der „*Zeitbücher*" schrieb mir: „Wollen und können Sie mir für ein Bändchen meiner ‚*Zeitbücher*' ein in sich abgeschlossenes Manuskript geben?" Ich antwortete: „Ich bin mehrfach von Verlegern aufgefordert worden, mein ‚*Kriegstagebuch*' vom August 1914, das damals einen großen Erfolg gehabt hat, und an das sich noch heute viele Leser der ‚*Schaubühne*' erinnern, als kleines Buch herauszugeben. Das wäre mir zu anspruchsvoll erschienen, und ich habe deshalb immer abgelehnt.

Dagegen hatte ich immer den Wunsch, es einmal als Glied einer Serie wiederzusehen. Hier haben Sie's! Ich hänge sehr an dieser Arbeit. Sie scheint mir nicht wertlos als Dokument eines Menschen, der vom ersten Augenblick an seinen klaren Kopf behalten hat. Das mag gegen ihn sprechen, aber es macht Ihre Serie vielleicht erst wahrhaft vollständig, wenn sie wenigstens in einem Exemplar auch diese Gesinnung und Haltung zum Ausdruck bringt."

Der Herausgeber der „*Zeitbücher*" schrieb zurück: „Ich nehme Ihr Kriegstagebuch!" Hier ist es.

Donnerstag, am dreißigsten Juli

Immer wieder: Hier ist nichts wichtiger als das Wetter. Ob früh um sechs die Bengels aus dem „*Landhaus*“ weiß oder dunkelgrau behost in Knudsens Ställe laufen: Daran erkennt man gleich die Himmelsfärbung. Wenn bald darauf die Fahne vor dem Gasthof hochgezogen wird, fällt die Entscheidung für den ganzen Tag: See- oder Landwind. Seit vorgestern ist Landwind, der die Quallen bringt. Die meisten hassen sie. Ich plansche mich hindurch und werde nicht gebissen. Dann liegt man, alle viere von sich, vor der Tür. Bewegt von drei bis acht kein Glied. Schiebt höchstens einmal den Südwester tiefer in die Stirn. Fühlt, wie der letzte Krankheitskeim im Leib verbrannt wird. Stöhnt ab und zu nach Wasser. Denkt gar nichts, sondern döst. Und segnet Fried' und Friedenszeiten.

Freitag, am einunddreißigsten Juli

Die Post ist ausgeblieben. Nach den bedrohlichen Nachrichten der letzten Tage: kein gutes Zeichen. Wir nehmen um zehn ein Segelboot. Im Nordhafen steht noch das Kriegsschiff, das all die Jahre ein Friedensschiff war. Vielleicht sieht und hört man dort allerlei. Matrosen im höchsten Ausguck. Eine ungewohnte Geschäftigkeit. Wenn Vaterlandsgesänge sie begleiten... „Hurras“ herüber und hinüber. Zur freundlichen Antwort auf die einzige Frage der Stunde: Scherze und Kußhände für unsere Damen. Aber der Eindruck, als ginge es wirklich los. Stählern blitzender Kahn mit mörderischen Geschützen — wirst du im nächsten Sommer nicht wieder harmlose Nachtdienste tun? Kleine Halle für Wasserflugzeuge, an der man seit Juni unschuldig gebaut hat — wird von heut’ auf morgen deine Bestimmung rauher, schmerzhafter werden? Weißes Leuchttürmchen mit roter Mütze — was alles wirst du bestrahlen oder gnädig im Dunkel lassen? Ich klettere hinauf. (Ulkiger Selbstbetrug:) Kein Feind in Sicht!

Ich schwimme weit hinaus. Im ganzen Umkreis der Natur kein Laut als der meiner regelmäßigen Tempi. Ich laufe mich am Strande trocken. Ich liege bäuchlings auf der Düne und kaue meine mitgebrachte kalte Mahlzeit. Die Sonne hinter dünnen Wolken wärmt, aber blendet nicht. Schön ist der Friede! Hier noch schöner als in unserem Dorf.

Dort braucht, wer früh im Jahre kommt, durch Wochen keinen Ton zu reden. Hier könnte man durch Monde schweigen und würde gütiger und weiser werden.

Ich erkundige mich beim Leuchtturmwärter nach Quartier für 1915: Er hat ein Zimmer, aber seine Frau ist immer krank, ein Bild des Jammers, wandelndes Karbol. Wie schade! Ein Blick — und unser Boot läßt Ufer, Muschelbank, Kaninchen, Seehund, Strudel hinter sich und fährt mit schwachem Winde heim, statt zweier Stunden vier, und doch zu schnell! Um sieben kommt die Sonne über einer dicken Wolkenwand zum Vorschein. Blutrot erglänzen Sandabhänge in der Ferne. Rindern und Schafen bläst ein Hirte, dem wir nun endlich eine neue Flöte schenken werden. Die Kinder rufen uns zum Feuerwerk auf ihre Wiese. Krieg? — Dummes Zeug!

Sonnabend, am ersten August

Oder doch nicht? Der Bäcker hat nicht mehr gebacken, weil er gestern Abend geheimnisvoll irgendwohin geholt worden ist. Freunde haben bei Nacht gepackt und wollen auf und davon.

Ich bringe sie eine Stunde weit in die abscheuliche Badestadt, wo die Schieber vormittags zu pokern beginnen. Heute nicht. Sie wissen nichts, aber fürchten alles und raufen sich Glatzen und Perücken ob ihren gestürzten Kursen. Einer spricht Tausender Stimmung aus: „In einer großen Zeit leben wir — ausgerechnet wir!" Der Kaiser arbeitet offenbar immer noch für den Frieden, was ihm rechts — bis zur Majestätsbeleidigung in der *„Täglichen Rundschau"*[1] — gehörig verübelt wird. Wer in Rußland regiert, und nach welchen Prinzipien, ist, wie das meiste in diesem seltsamen Vorland Asiens, nicht zehn Europäern verständlich. Der letzte Hoffnungsschimmer sollen die inneren Schwierigkeiten Frankreichs sein. Aber es scheint ja wirklich, als ob es diesmal nicht anders ginge. Ich komme aus einer anderen Gegend. Ich bin nicht blind für den Streifen Löwenzahn, der dort das Roggenfeld von der Heide trennt. Ich habe ein Ohr für den Schrei der wilden und zahmen Vögel, die um mich und über mir menschlich, unmenschlich einander verfolgen und fliehen, während ich durch den festen Sand der Ebbezeit heimwärts stapfe. Noch immer, noch immer nicht hoffnungslos.

Da sind die Gazetten der letzten Tage. Entschieden ist also vorläufig nichts. Aber schon fühlt sich der faulste Kopp: Kaiser und Reich, Blut und Tod, Fels und Meer, Etsch und Belt, Gott und Vaterland, bum, bum! Darin ist uns kein Volk über. Anderswo kauft man sich Söldner für das grauenhafteste aller Geschäfte: für die Tötung von Menschen. Wir mobilisieren, wenn es so weit ist,

[1] Berliner Tageszeitung, gegründet 1881.

nicht nur die Männer, sondern auch die höheren Gefühle und schlagen jedem den Hut ein, der sie nicht in vorschriftsmäßiger Fülle aufweist. Was wird, weiß nirgends ein Mensch. Wir würfeln wieder einmal um die größten Einsätze. Noch vor Wochen ahnte niemand, daß Rußland ein „Todfeind" sei.

Jetzt... Vor Jahren war's England, vorher und zwischendurch Frankreich. Wie's trifft… Aber, wie's trifft: Unsere Bücher und Bilder und Theater und Philosophen und all das können wir, wenn es losgeht, bis auf weiteres einmotten. Das ärgste Mittelgut — in geistiger Beziehung — kommt hoch; und was das betrifft, daß es hochkommt, so wird man sich anschließen. Luft, Luft, Clavigo[2]! Ich renne hinaus. Es dämmert. Mir fällt auf, daß an einer harmlosen Scheunenwand ein Zettel klebt. Der Badewärter lädt doch niemals sonst hier oben in sein Segelboot. Nun, für dies Jahr hat sich's ausgesegelt!

„Mobilmachung ist befohlen.
Erster Mobilmachungstag: der zweite August.
Der Gemeindevorsteher."

Man kann nicht knapper, nicht eindeutiger, nicht preußischer sein. Es dunkelt. Der Leuchtturm, der vor-

[2] *„Clavigo"*: Titel eines Trauerspiels von Johann Wolfgang von Goethe.

gestern irreführende Farben entsandt und gestern das Meer mit Scheinwerfern abgesucht hatte: Heute ist er außer Betrieb gesetzt. Das Licht erlosch.

Sonntag, am zweiten August

Mein Nachbar soll am dritten Mobilmachungstag in der Festung Metz sein. Ich bringe ihn und andere Bekannte früh um sechs eine Stunde weit, bis zum Osthafen. Der gleicht einem Feldlager. Von den Gästen der umgebenden Badeorte rücken Tausende aus, von Soldaten ebensoviele ein. Wie das klappt! Wie das funkelt und blitzt!

„Welt-Pionier-Schaufel garantiert prima Qualität!“

Solch ein bunter Zettel klebt groß auf jeder, und lügt nicht. Hacken und Haken, Sandsäcke und Bretter, Gewehre und Wagen, Mannschaften und Pferde: Alles scheint, nein, ist prima Qualität, hat am Morgen des ersten Mobilmachungstages bereits Meilen zurückgelegt und kann, sofern es Stimme hat, mit leichtestem Gewissen sein „lieb’ Vaterland“ in Schlaf und Ruhe wiegen.

Ob heute die abscheuliche Badestadt — sie ist sonst zu meiden, jetzt aber, ihrer Depeschen wegen, nicht zu entbehren — ob sie heute Haltung hat? — Heute erst recht nicht! Man bebt um sein bißchen Gepäck. Man wird am Ende nicht in der zweiten Klasse heimreisen können. Man braucht sicherlich vierzig Stunden und mehr. Aber die Militärbehörden! Aber das Heer!

Um neun waren die Ureinwohner aufs Bezirkskommando bestellt, hatten eine Stunde hin, eine Stunde zurück zu marschieren, und ziehen um eins durch die Stadt, feldmäßig eingekleidet, in nagelneuen Uniformen, Stiefeln, Mützen, geschmückt mit Reisern, lachend, grüßend, singend. Ordnung! Heilige Ordnung, segensreiche Himmelstochter!

Da packt mich wer am Arm. Ein Bühnenleiter meiner Vaterstadt. Recht aufgeregt. Was aus ihm werden solle? Ich rate zur Geduld. Er hätte sowieso erst in vier Wochen angefangen. Bis dahin seien Siege zu erwarten, die das Berliner Publikum ermutigen würden, wieder ein paar Groschen auszugeben. Auch an den Krieg gewöhnt sich Volk und Volkswirtschaft. Im Übrigen: Er habe sich ja stets den großen Krach gewünscht, der den Etat von seiner krankhaften Geschwollenheit kurieren werde. Hier sei der Krach. Nach diesem Krieg, wie immer er verlaufe, werde kein Bühnenmitglied mehr dreimal so viel verdienen wie ein Staatsminister. Gesündere Zeiten werden kommen. Die Eintrittspreise werden mit den Gagen sinken. Ein Theaterabend wird keine umfangreiche Familie mehr an den Rand des Bettelstabes bringen. Die Produktion... „Und Ihr Theaterblatt?“ Mein Blatt war kaum noch ein „Theaterblatt“. Ich hätte niemals aufgehört, die Dinge des Theaters zu betrachten und zu fördern; doch ich hätte sie in Zukunft nicht mehr höher als die anderen Dinge unseres kulturellen Daseins eingeschätzt. Wie seltsam! Die neue Ära hätte ein Artikel eingeleitet mit der Titelfrage: *„Was geschähe, wenn...?“* Wenn nämlich Krieg ausbräche, endlich doch der Krieg, der Weltkrieg. Jetzt werden wir an jedem jungen Morgen in allen unseren Nerven eine ziemlich unverblümte Antwort spüren. Acht Tage später hätte der politische Betrachter eine Art Programm so pathosfrei wie möglich aufgestellt. Ich ziehe es heraus, um meinem Bühnenmann ein Stück des Schlusses vorzudeklamieren:

„...Wir kommen alle so weit, daß uns eine radikale Politik, die sich nicht den Schädel an Gemeinplätzen abscheuert, gerade gut genug ist. Weniger denn je zweifle ich daran, seitdem Victor Auburtin[3], der Gaukler Unserer Lieben Frau, ins *‚Berliner Tageblatt‘*[4] geschrieben hat,

---

[3] Deutscher Journalist und Schriftsteller. Er lebte von 1870-1928.

[4] 1872 gegründete Zeitung, die 1939 eingestellt wurde.

Jaurès[5] spreche ‚die Sprache, die wir alle einmal sprechen werden'.

Derselbe Auburtin hat in einem Büchlein der Kunst ihr Schwanenlied prophetisch vorgeplaudert. Die Gewaltige ist nicht böse geworden, weil sie jede Art Anmut liebt. Da er der Todgeweihten jetzt angekündigt hat, daß auch sie einmal die Sprache des Herrn Jaurès sprechen werde, wäre vielleicht die Bemerkung eines fortgeschritteneren Genossen am Platz gewesen: ‚Die bürgerlichen Parteien in Deutschland treiben eine Politik, daß alle ganzen und halben Kerle früh oder spät vor ihr ausreißen — aufs Land, um ehrlichen Kohl zu pflanzen, oder in die Internationale.' Theodor Wolff[6] denkt sich das, vermute ich, zweimal am Tage: abends vor dem Morgenblatt, und mittags vor dem Abendblatt. Und er tröstet sich: ‚Schließlich liegt es nicht an unseren Parteien. Es sind die Zeitläufe. Die Zeit geht im Helmbusch. Wenn aber erst einmal alle zwanzig Bundesfürsten die Sprache von Jaurès sprechen, wird man sehen, daß auch der entschiedene Liberalismus nicht zurücksteht.'

[5] Jean Jaurès (1859-1914), französischer Historiker und sozialistischer Politiker. Er wurde am 31. Juli 1914 von einem französischen Nationalisten ermordet.
[6] Deutscher Schriftsteller, einflußreicher Publizist und Kritiker. Er lebte von 1868-1943.

So lange kann der politische Betrachter nicht warten. Er wird gleich — nicht die Sprache des Herrn Jaurès sprechen, wie man sie in der französischen Kammer, in öffentlichen Versammlungen hört, aber wie man sie wohl unter vier Augen, in seinem Arbeitszimmer, auf einem Spaziergang vernimmt. Nicht nur von ihm. Nicht nur in Frankreich. Sondern von fast allen fortgeschrittenen Politikern, auch bei uns. Ich glaube nicht, daß die Kunst stirbt. Im Gegenteil. Sie scheint mir robuster denn je. Seht doch: Sie zieht sich den Gummimantel an und begibt sich auf die Straße, läßt sich von den vorübersausenden Autos anspritzen und redet mit dem Schutzmann."

— Ein paar Tage alt, und bis zum letzten Komma verschimmelt! Der Thespis[7] war eingeschlafen. Jetzt fährt er auf. „Was ist? Für welche Gage wird man Bassermann[8] der Konkurrenz wegschnappen können?" Die Zeitungsverkäufer schreien sich heiser. Ist es wahr, ist es keine Ohrentäuschung? Jaurès ist ermordet. In seiner Sprache ruft jetzt beinah jeder: *„Sauve qui peut!"*[9] Die Kunst wird ermordet. Menschenopfer fallen unerhört.

---

[7] Einer der ersten griechischen Tragödiendichter, Theaterleiter und Schauspieler in Athen. In der Antike galt er als Erfinder des Dramas. Er lebte im 6. Jahrhundert v. Chr.

[8] Albert Bassermann (1867-1952), deutscher Schauspieler.

[9] „Rette sich wer kann!"

Ich will das Marschgedröhn der blitzblank eingekleideten Verteidiger ihres, meines Vaterlandes nicht mehr hören! Ich sammle mir drei Ureinwohnerinnen auf und rette sie und mich in unser schönes, stilles, sicheres Dorf. Zwei von den blonden, festen Schwestern sind Soldatenbräute. In wenigen Wochen sollte ihre Doppelhochzeit sein. Die Eine weint den ganzen Weg. Sie wird heute Nacht um vier sich alleine auf die tagelange Reise nach Arkona machen, um ihren Bräutigam vielleicht zum letzten Mal zu sehen. Ich bleibe, bis ich mit Gewalt aufs Festland abgeschoben werde!

Montag, am dritten August

Das Dorf ist fast leer. Ich werde schon jetzt schriftlich und mündlich getadelt, daß ich die Ruhe aufbringe, im friedlichen Abseits zu sitzen, während die Welt, in der wir bisher gelebt und gearbeitet haben, abbrennt. Das ist nicht mehr als eine Phrase. Ich bin „*dauernd untauglich für alle Waffengattungen*"; aber ich bin nicht untauglich, vom ersten Augenblick an die Fluten dämmen zu helfen, die unsere künstlerischen Bestrebungen wegschwemmen wollen.

Das kann ich vorläufig hier so gut wie in Charlottenburg; ja, besser! Die Spuren schrecken und lehren und mahnen zugleich. Wenn nach 1870 die Unkunst mächtig werden durfte: die Stiefelmalerei, die Butzenscheibenlyrik und die Dramatik von Sardou[10], Moser[11] und Wilbrandt[12], so trug die Mitschuld eine Kritik, die desselben Juchhe-Optimismus voll war wie die Produktion. Ein zweites Kritikergeschlecht mußte erwachsen, das die doppelte Mühe hatte, mit seiner Vorgängerschaft und mit ihren Schützlingen aufzuräumen. Es hat Jahre gedauert. So lange soll es nicht wieder dauern. Daß in Handel und Industrie die Gründerzeit wiederkehre, mögen andere verhüten. Unsereins wird den kulturellen Greueln der Gründerzeit wehren. Man wird zu retten suchen, was in zwei Jahrzehnten wirklich und wörtlich errungen worden ist. Man wird den Weg weisen, den die Kunst unter so jäh veränderten Bedingungen zu gehen hat, wofern die Kunst sich um Wegweiser kümmert. „Was ist deine Pflicht? Die Forderung des Tages."

Der Tag von vierundzwanzig Stunden fordert, daß ich die neuen Themen telegraphisch an meine Mitarbeiter verteile, ihnen brieflich erläutere, was meines Erachtens

---

10 Victorien Sardou (1831-1908), französischer Dramatiker.

11 Gustav von Moser (1825-1903), Dramatiker, der hauptsächlich Lustspiele verfasste.

12 Adolf von Wilbrandt (1837-1911), deutscher Schriftsteller und Direktor des Burgtheaters in Wien.

der weltgeschichtliche Tag fordert, und selber gleich ans Werk gehe. Auf meinem Ferienkalender steht, noch aus Friedenszeiten her, für heute:

„Der sechzigjährige Schlenther[13]*.“*

Ich dankbarer Schüler hätte gesagt, daß alte Liebe nicht rostet, und hätte zum Zeichen der Liebe und Dankbarkeit ein Bild des Lehrers mit allen Achtern und Schatten — und mit der Technik gemalt, die ohne dieses Geburtstagskind von vornherein anders gediehen wäre. Jetzt fehlt dazu doch die Gelassenheit; und nicht nur sie. Jetzt wird es ein schneller Glückwunsch, der von der Minute seine Akzente erhält. Also nicht viel darüber, daß der Mann als Burgtheaterdirektor seine erste kritische Periode gründlich verleugnet hat, und daß daher, auch daher eine gewisse Unsicherheit seiner zweiten kritischen Periode stammen mag. Er hat gespielt, was er verhöhnt und verfemt hatte, und muß jetzt wieder kritisieren, was er gespielt hat. Da geht es ohne Eiertänzelei nicht ab. Vor dem Krieg wäre es lustig genug gewesen, diesen Schlenther zu schildern: den Gregers[14] Werte, der allmählich ein Doktor Relling[15] wird; den Magister artium,

---

[13] Paul Schlenther (1854-1916), Autor, Theaterkritiker und –leiter, Lehrer Jacobsohns.

[14] Figur aus Henrik Ibsens „*Die Wildente*“.

[15] Figur aus Henrik Ibsens „*Die Wildente*“.

der in der Jugend die literarisch-soziale Schwerkraft der deutschen Dramatik durchsetzen will und im Alter Ernst Hardt[16] darunter versteht; den silenhaften[17] Ostpreußen, zu dem englische Diplomaten in die Lehre geschickt werden könnten, kurz: den Menschen mit seinen Widersprüchen, der mich nie gefesselt hätte, wenn er ein ausgeklügeltes Buch wäre.

Nach dem Krieg wird wieder zerfasert, wieder verneint werden. Während des Krieges kommt es darauf an, nach Kräften zu bejahen; die löblichen Seiten jeder Erscheinung zu sehen und sichtbar zu machen; bei der Betrachtung eines Mannes zu fragen, was Deutschland an ihm gehabt hat und etwa noch haben kann. Da ist für Schlenther eine schwere Menge anzuführen. Er hat, vor dreißig bis zwanzig Jahren, eine Epoche der trostlosen Versumpfung nicht ertragen. Er hat als überlebt, verächtlich und vertilgenswert empfunden, was alles das tatsächlich war. Er hat für Fortschritt und Natur mit einer Entschiedenheit gekämpft, die in der Blütezeit der Lindau[18] und Frenzel[19] Aufsehen erregen und, mehr als

---

16 Friedrich Wilhelm Ernst Hardt (1876-1947), deutscher Schriftsteller, Übersetzer, Theater- und Rundfunkintendant.

17 Silen: Ein Satyr der griechischen Mythologie.

18 Entweder Carl Lindau (1853–1934), österreichischer Schauspieler und Schriftsteller; Paul Lindau (1839–1919), deutscher Schriftsteller, Dramatiker und Theaterleiter oder Rudolf Lindau (1829-1910), Schriftsteller.

19 Karl Frenzel (1827–1914), deutscher Schriftsteller und Theaterkritiker.

das: ein geschichtliches Verdienst begründen mußte. Es beschleunigt den Sieg der guten Sache, daß der geschmackvollere, unterscheidungsfähigere, tiefer spürende Kritiker auch die Gabe hat, den breiten Leserschichten angenehm zu werden.

Ohne Schlenther wäre diese gute Sache nie in solchem Tempo durchgedrungen. Schlenther gibt Brahms[20] Urteil die siegreiche Form. Die beiden ergänzen einander wunderbar. Brahm denkt, Schlenther sieht. Brahm analysiert, Schlenther stellt dar. Brahm hat die Zähigkeit, Schlenther das Handgelenk. Brahm spürt auf, Schlenther erlegt. Brahm überzeugt, Schlenther berückt.

Von Brahms Besitz, der sich nicht recht mitzuteilen weiß, hat Schlenther den Überschuß, dem nicht zu widerstehen ist. Mit anderen Worten: Dieser deutsche Schriftsteller schreibt deutsch, was den wenigsten deutschen Schriftstellern nachzusagen ist. Die Zivilperson stammt aus Insterburg, der Autor aus jenem Bezirk des geistigen Deutschlands, wo wir in unserer Vorstellung die feinsten Stilisten untergebracht haben.

---

[20] Otto Brahm (1856-1912) eigentlich Abrahamsohn, Kritiker, Theaterleiter und Regisseur.

Schlenthers Ahnen heißen: Keller[21], Fontane, Jakob Grimm. Ich habe mir ein paar von seinen kleinen Schriften hierher mitgenommen, wo sich, zwischen Arnika und Ziegen, Knicks[22] und Hünengräbern, Schilf und Möwen, nur das behauptet, was gewachsen, echt und rein und klar ist: Hamsun[23], Schopenhauer, Treitschke[24], de Lagarde[25], die Buddenbrooks.

In dieser Gesellschaft fällt Schlenther durch Schmalheit, aber nicht durch Unwürdigkeit auf. Sein Deutsch ist männlich und geschmeidig zugleich. Es ist das Deutsch eines unpathetischen Menschen, der hinter Ironie verbirgt, wievielerlei doch imstande ist, sein umkrustetes Herz zu erweichen, der aber denkbar unverblümt, der sack-siedegrob wird, wo er haßt. Es ist ein Deutsch, das, je nach dem Anlaß, hauchig, sehnig, knochig, aber um keinen Preis schwammig wird. Es ist das Deutsch eines Künstlers, den journalistische Fron und Hatz nie beeinträchtigt haben. Wer sich an Schlenthers Vossische *„Vornotizen"* erinnert, der weiß, daß P. S. oft in ein paar

---

[21] Gottfried Keller (1819-1890), Schweizer Dichter und Schriftsteller.

[22] Wallhecken. Eine Bezeichnung für Erd- oder andere Wälle, die mit Gehölzen bewachsen sind.

[23] Knut Hamsun (eigentlich Knud Pedersen, 1859-1952) bedeutender norwegischer Schriftsteller. Er erhielt 1920 den Literaturnobelpreis.

[24] Heinrich Gotthardt von Treitschke (1834-1896), deutscher Historiker und politischer Publizist.

[25] Wahrscheinlich: Paul Anton de Lagarde, eigentlich Paul Anton Bötticher (1827-1891), deutscher Kulturphilosoph und Orientalist.

Sätzen den Duft einer Dichtung eingefangen oder durch seine paar Sätze den Kunstwert des kritisierten Dramas weit übertroffen hat.

Wer heute die Broschüre liest, mit der im Jahre 1883 der neunundzwanzigjährige Schüler Wilhelm Scherers[26] angefangen hat — das Pamphlet wider *„Botho von Hülsen*[27] *und seine Leute"* —, der liest es gleich zum zweiten und nach kurzer Zeit zum dritten Mal, und jedes Mal mit höherem Vergnügen. Kein Wort zu viel und keins zu wenig. Was da steht, gibt ein Bild, nach dem man greifen möchte. Da ist Anmut, die Haupttugend des Stilisten Schlenther (die ihn später etwa befähigt, im *„Berliner Tageblatt"* den fünfundsiebzigjährigen Lindau für einen miserablen Dichter, einen verderblichen Kritiker, einen belanglosen Dramaturgen zu erklären, ohne daß Lindau aufhören muß, diesen Gratulanten zu grüßen und am *„Berliner Tageblatt"* mitzuarbeiten).

Da sind Mut, Temperament, Witz, Zielsicherheit und eine Sachkenntnis, die in der Ära der nichts als blumigen Feuilletonisten allerdings eine Seltenheit waren. In Schlenthers erster Periode haben die besten Schauspieler

---

[26] Österreichischer Germanist (1841-1886).

[27] Theaterintendant der Königlich-Preußischen Schauspiele und Präsident des Deutschen Bühnenvereins. Er lebte von 1815-1886.

jener Tage ihm nachgerühmt, daß er der einzige Berliner Kritiker sei, dessen Tadel ihnen nütze, dessen Ratschläge sie am nächsten Abend befolgen könnten, weil er nicht Zensuren erteile, sondern Einzelheiten herausgreife und seine Einwände triftig belege. Durch diese Begabung hatte er jenes Vertrauen der Allgemeinheit erworben, das „Autorität" heißt; und das sich nach seiner Rückkehr auf den Kritikerposten nicht gleich wieder einstellen wollte. Kein Wunder! Er hatte in den zwölf Jahren seiner Abwesenheit die Entwicklung des Berliner Theaterwesens zu Reinhardt[28], die Entwicklung der deutschen Dramatik über Hauptmann[29] hinaus versäumt und tastete herum.

Von jeher viel zu wenig Snob, um Verständnis zu heucheln, wo er es nicht hatte, beschränkte er sich auf Inhaltsangaben, selbst in Fällen, wo sein nachdrückliches „Ja" oder „Nein" Nutzen gestiftet oder Schaden verhütet hätte. So kam der Literaturkritiker um einen Teil seines Kredits. Auch dem Theaterkritiker hat die praktische Übung die alte Zuverlässigkeit ein bißchen vermindert.

---

[28] Max Reinhardt (1873-1943), österreichischer Theater- und Filmregisseur.

[29] Gerhard Hauptmann (1862-1946), bedeutender Dramatiker. Literaturnobelpreisträger (1912).

Er hat den Dingen der Bühne einmal zu nahe gestanden, um hinterher nicht in seinem Gefühl für ihre Maße verwirrt zu sein. Den jungen Bassermann hat Schlenther als Erster erkannt — den reifen Bassermann, den reichsten und menschlichsten Menschendarsteller der Gegenwart, lehnt er mürrisch als Virtuosen ab. Ein Fehlgriff dieser Art wäre ihm früher nie passiert. Aber was sich durch die Theaterpraxis verschärft hat, ist naturgemäß sein Blick fürs Detail. Den werden wir wieder brauchen!

Nach dem Krieg wird mit „Großzügigkeit“ und ähnlichen Begriffen ein solcher Schwindel getrieben werden, daß uns besonders willkommen ein Mann sein soll, der das Auge fest und kühl auf die Lebensgröße der Wesen und Gegenstände gerichtet hält. Nach dem Krieg wird überhaupt in Kunst und Literatur so viel geschwindelt werden, daß ein alter Wahrheitsfreund alle Hände voll zu tun haben wird. Nach dem Krieg wird es nötig sein, auch die letzte Spur davon zu verwischen, daß russische Juchtenstiefel[30] auf deutschem Boden herumgetrampelt haben.

[30] Stiefel aus Juchtenleder. Dieses spezielle Leder stammt ursprünglich aus Rußland und wird aus der Haut von Rindern oder Kälbern hergestellt. Es ist sehr widerstandsfähig und trotzdem geschmeidig.

Da wird die unverwelkte Anmut des Stilisten Schlenther in ihrem Anwert noch steigen. Er muß nur selber spüren, daß er wieder eine Sendung hat. Am Anfang seiner zweiten Periode hatte man den Eindruck, daß er mürbe, mutlos, müde, menschenfeindlich und wurschtig bis zum Zynismus geworden sei. Dieser Eindruck verlor sich mehr und mehr. Möge er jetzt ganz verschwinden!

Der junge Schlenther war eine Macht, um derentwillen *„Die Nation"*[31], eine kleine Wochenschrift, genauso andächtig gelesen wurde wie die große *„Vossische Zeitung"*[32]. Heute hat er das zehnmal so große *„Tageblatt"* zur Verfügung, heute vollends kann er seligsprechen und verdammen. Aber seine eigene Seligkeit und Verdammnis wird davon abhängen, ob er in dieser schwersten Zeit die sein Land erlebt hat, die Hände in den Schoß legt und behaglich alles gehen läßt, wie's Gott gefällt, oder ob er noch einmal die Flinte über die Schulter nimmt und mit uns Jungen gegen die Bedroher seiner, unserer Kunst, zu Felde zieht!

---

[31] Eine Berliner Zeitschrift für Politik, Volkswirtschaft und Kultur, die von 1883-1907 erschien.

[32] Eine liberale Berliner Zeitung, die bis 1934 erschien.

Dienstag, am vierten August

Ein Tag, von Gott, dem hohen Herrn der Welt, gemacht zu süßerem Ding, als sich zu schlagen! Berlin soll anderer Meinung sein…

Man schreibt mir, daß dort eine Begeisterung für den Krieg herrsche, die nicht erlebt und nicht geteilt zu haben ein Verlust für meine Seele bleiben werde. Nun, meine Seele ist im Zweifel, ob sie gerade jetzt einen Aufschwung nehmen würde. Sie hat für ihre leuchtenden Stunden bisher wesentlich zarteren Anlaß und Inhalt gehabt als einen Krieg aller gegen alle.

Sie neigt dazu, eine Veredlung der Menschen erstrebenswerter zu finden als ihre schreckensvolle Verminderung. Sie hat beklemmende, atemraubende, blickverschleiernde Vorstellungen von dampfenden Gebeinen auf blutgenäßten Schlachtfeldern, von losgefetzten Körperteilen zwischen umgestülpten Kanonen, von brüllendem Neid der Verwundeten auf die Toten, von jammernden Frauen und hungernden Kindern.

Außerdem wäre es mir zu bequem, für einen Krieg begeistert zu sein, in den ich, bei noch so langer Dauer, niemals zu ziehen brauche. Aber sind denn die in der

Hauptstadt wirklich begeistert? Ich denke an Fontane. Der war ein so gutes märkisches Herz wie irgendeins, konnte Pulver riechen, hatte Kriegsgefangenschaft kennengelernt, Preußenballaden gedichtet und — und dadurch nicht die Gabe verloren, hinter den Schein jeder Sache zu blicken und zu horchen. Also zögerte er nicht, das „Hurra", womit Batterien gestürmt werden, sich höchst unheroisch zu deuten: „Jubel aus Angst".

Sollte das nicht auch die Formel für den Rausch der Berliner sein? Ich glaube an eine Massenhypnose, der selbst ausgepichte Skeptiker nicht widerstehen können, an alle Erscheinungen einer Kriegspsychose, an Scham vor dem Nebenmann, an schäumende Wut und zähneknirschenden Trotz eines Volkes, das sich überfallen wähnt, an Selbstbetäubung, an die Flucht vor den nächstliegenden Befürchtungen in ein Allgemeingefühl, an was sonst ihr wollt... — An Begeisterung im unverfälschten Sinn des Wortes glaube ich nicht!

Bringt die begeistertsten Berliner hierher zwischen unsere fünfzehn Bauernhäuser, und sie werden verstummen! Ich gehe herum zwischen den Sörensens, Sönksens, Hartwigsens, Christiansens, Bleikens, Callesens, Seiher Jepsens. Sie sind, trotz ihrer Namen, nicht undeutscher, nicht dümmer, nicht feiger, nicht schwächer als die Mehrzahl der achtundsechzig Millionen. — Im Gegenteil!

Aber sie spüren kein Bedürfnis, darüber „Hu“ zu jauchzen, daß sie womöglich ihr Leben oder Väter, Söhne, Brüder, Enkel und ihren kleineren oder größeren Besitz verlieren werden. Ein seesturmfester Kerl von beträchtlicher Länge und Breite, den ich in sechs Sommern nicht habe lächeln sehen, dem ich freilich noch weniger eine Träne zugetraut hätte, ist wie aufgescheucht, hat feuchte Augen und beruhigt sich erst, als ich ihm Deutschlands Blüte nach 1870 schildere und ihm fest verspreche, daß er an den Milliarden der Kriegsentschädigung beteiligt wird. Bringt diese verzagten Insulaner nach Berlin unter „*Die Linden*“, und sie werden plötzlich umgewandelt sein. Massenhypnose… — Die auch der Kaiser zu durchschauen scheint. Sie möchten nach Hause gehen, weil er zu arbeiten habe, hat er den Leuten auf dem Schloßplatz sagen lassen. Gestern ist ein Teil ihrer Führer bei dem Hoch auf ihn sitzen geblieben. Heute erfüllen sie ihn mit der hohen Wonne, ganz Liebling des Volkes zu sein; und morgen? Vielleicht sind ihm die Worte eingefallen, die vor vierundvierzig Jahren sein Großvater an seine Großmutter geschrieben hat: „Noch diesen Moment, halb elf Uhr, dauert das Schreien und Singen fort. Mich erfaßt eine komplette Angst bei diesem Enthusiasmus, denn was für Chancen bietet nicht der Krieg, wo all dieser Jubel oft verstummen könnte und — müßte!"

Massenhypnose. Massenstimmung. Massenmeinung… Ich habe in einem Brief geschwärmt, daß ich noch nie so dankbar empfunden hätte, ein eigenes Blatt zu haben wie gerade jetzt, wo dies und das nicht länger verschwiegen werden dürfe. Und erhalte zur Antwort die Frage, ob ich endlich ganz verrückt geworden sei. Nichts davon kann heute gedruckt werden! Möglich ist: Gemeinplätze im Plakatstil zu deklamieren; der plattesten Zufriedenheit voll zu sein; dem Mob des Geistes die Worte von den Lippen zu nehmen. Unmöglich: Eine besondere Auffassung der Sachlage zu äußern. Erlaubt ist: Breitmäuligkeit. Verboten: Unterscheidungsfähigkeit. Gekrönt wird: Eine hemmungslose Kriegsdemagogie. Gepönt: Das Fragezeichen.

Man wünscht eine feldgraue Uniform auch der öffentlichen Meinungsmacher. Die *„Deutsche Tageszeitung"* und das *„Berliner Tageblatt"* sind tatsächlich nicht mehr auseinanderzuhalten. Aber müssen selbst die Wochenschriften...? Es wäre hart! Holde, freundliche Gewohnheit, das Dasein von mehreren Seiten zu betrachten, eine zerlegende Hirnkraft zu betätigen, für die Nuance das rechte

Wort an die rechte Stelle zu setzen. — Von dir soll ich lassen? Freiwillig: Gern, wenn es mir aus politischen oder kunstpolitischen Gründen nützlich erscheint. Gezwungen: in tormentis[33]!

Weswegen solch ein Zwang? Es ist ja nicht zu erwarten, daß ich die kindische Absicht haben werde, zum Widerstand gegen die Staatsgewalt aufzureizen oder durch kalten Spott einer überlebensgroßen Sache Abbruch zu tun, — denn wem täte ich damit mehr Abbruch als mir! Ein Staat jedenfalls, der diese Mobilmachung leistet, der sich furchtlos nach zwei Fronten wehrt, der es mit der Hölle selbst aufnähme, der hat wahrhaftig nicht nötig, die unschuldige Pressefreiheit eines kleinen Literaten einzuschränken, welcher nichts besitzt als sie. Ich werde mir in den nächsten Tagen vom Herzen herunterreden, was es bedrückt, und bin überzeugt, daß nichts gestrichen wird.

Jetzt will der Portraitmaler seine beiden requirierten Pferde einliefern. Ich gehe mit.

Nachmittag. Eine neue Lücke. Man hat die Pferde behalten. Die Abschätzungskommission: ein Klempnermeister, ein Bäckermeister, ein Großbauer. Die Tiere

---

33 Unter (Folter)-Qualen.

werden vorgetrabt. Der Fuchs ist vollendet schön: hoch, schlank, jung, nicht zu heiß und nicht zu zahm.

Die Kommission: „Achthundert Mark."
Der Besitzer: „Achtzehnhundert hat er gekostet."
Der Offizier vom Dienst: „Zweitausend ist er wert."

Die Kommission bleibt fest. Man merkt den Brüdern an, daß sie den Zivilisten zu schädigen und bei der Militärbehörde sich lieb Kind zu machen wünschen. Es mißlingt. Der Offizier rät zu einer Beschwerde; der Käufer dem Verkäufer. Wie kommt es, daß in diesen Tagen alle menschlichen Tugenden ans Militär, alle Untugenden ans Zivil verteilt sind oder scheinen?

Beispiel auf Beispiel: Die Wirtin unseres Gasthofs hat vor drei Tagen ein Kind gekriegt. Kellner und Küchenpersonal sind weg. Der Wirt setzt zu[34], indem er die letzten acht Fremden überhaupt noch beköstigt. Er bedient sie selbst. Seine Schwester kocht für uns und pflegt die Schwägerin. Und da hat heute ein deutscher Professor Krach gemacht, weil es keinen Nachtisch mehr gibt. Ohne Übertreibung: Krach gemacht! Er verlange bis zum letzten Tage „seinen" Nachtisch. Der Wirt hat seine Meinung nicht verschluckt; sonst hätte der

---

[34] D.h.: Er zahlt sogar noch drauf.

Herr Professor an uns anderen Gästen seine Freude gehabt. Es ist eine Kleinigkeit. Es ist — vielleicht — eine Ausnahme. Aber ... Gestern las ich in meinem Lagarde: „Die Deutschen sind die am lebhaftesten gehaßte Nation Europas. Der beste Mann Deutschlands, der Feldmarschall Moltke[35], hat die Tatsache, daß uns niemand in Europa liebt, von der Rednerbühne des Reichstags zugegeben.“

Gestern noch begriff ich das nicht ganz. Heute begreife ich es: Ursache dieses Kriegs ist keineswegs nur Neid der fremden Völker. Ursache ist auch dieser Herr Professor.

Ich rette mich an meinen Schreibtisch. Vor dem Haus zwei Pflöcke mit einem Brett darüber. Gegen Westen eine Wand aus Segeltuch, im Süden der Leuchtturm, im Osten das schimmernde Watt. Vor ein paar Wochen habe ich in dieser nordischen Helle eine Philippika gegen die Unverständlichkeit mancher, vieler Schriftsteller entworfen. Jetzt sehe ich meine Notizen und Zitate durch. Es war ja, wollte ich beginnen, einfach nicht mehr auszuhalten. Während sich die Zauberkünstler im Varie-

[35]Helmuth (Karl Bernhard) von Moltke (1800-1891), deutscher Offizier der Preußischen Armee. Als Generalfeldmarschall und Chef des Generalstabes hatte er wesentlichen Anteil an den Siegen in den drei Einigungskriegen.

té ihr Abracadabra abgewöhnen und Taten sehen lassen, fängt der Deutsche an, seinem alten Ruf wieder einmal Ehre zu machen. Wie fängt er es an? „Es ist gar nicht zu glauben“, sagt Gustav Landauer[36] in seinem prachtvollen *„Sozialisten“*, „was für ein hanebüchener Unsinn jetzt geschrieben werden kann, ohne als solcher erkannt zu werden. Kämen solche Dinge in der festen Sprache der Männlichkeit zutage, man würde sich vor Lachen wälzen. Aber so, wie sie flüssig oder gar gasförmig duftig die Leser kindlich umschmeicheln, wird alles hingenommen oder eingeatmet wie Ambra.“

Er hat recht. Das torkelt zwischen zwei Extremen hin und her: Links schwätzt der Schmock[37] leichtsinnig und seicht, und rechts? Bierbaum[38] hat einmal gedichtet, was rechts geschieht:

„Doch das ist nun so:
Dem deutschen Geiste, hat er sich satt geseh'n,
Am Sonnenlicht und all der bunten Welt,
Die uns umgibt, kommt es ihm gerne an,

---

[36]Bedeutender deutscher Anarchopazifist (1870-1919). Er gab von 1909-1915 die Zeitschrift *„Sozialist. Organ des sozialistischen Bundes“* heraus.
[37]Hier im Sinne verwendet von „eine Person, die hohles, anmaßendes Geschwätz von sich gibt“.
[38]Otto Julius Bierbaum (1865-1910), deutscher Literat.

Zum eigenen Nabel wieder seinen Blick geheimnisvoll
zu lenken,
Und der Welt Abbild und Sinnbild in der Höhlung dort,
In Ehrfurcht tief erschauernd vor sich selbst,
Ein deuterischer Seher zu erschauen.
Wir minder Tiefen steh'n als Publikum,
Im Kreise um den Nabelseher rum,
Und hör'n mit Staunen, was er alles spricht,
— Doppelt erstaunt, verstehen wir ihn nicht."

Aber wer nicht verstanden wird, hat es leicht, sich herauszureden. Er kaut sein Rotwelsch[39] unverdrossen und blitzt uns zornig an: Wenn ihr es nicht fühlt, ihr werdet es nicht erjagen! Gewiß nicht, gottseidank nicht! Dabei ist kaum am schlimmsten, daß man die Hexenköche nicht versteht. Was am schlimmsten ist, hat Nietzsche gewußt: „Das Unglück scharfsinniger und klarer Schriftsteller ist, daß man sie für flach nimmt und deshalb ihnen keine Mühe zuwendet; und das Glück der unklaren, daß der Leser sich an ihnen abmüht und die Freude über seinen Eifer ihnen zugute schreibt." Wir haben den Schaden.

Über wessen Sätze man selten oder niemals stolpert, der wird allerdings nicht so viel wert sein wie die Brüder

[39] Gaunersprache bzw. Sprache des „fahrenden Volkes".

vom dunklen Orden der orphischen Urworte. Bei ihnen ist gleichgültig, ob sie falsch oder nichtig, von jedem oder keinem verstanden werden. Sie haben ja keine Kleider angefertigt, die einem einzigen Modell passen, sondern weite Gummimäntel, in die alle hineinschlüpfen können. Hinein und wieder heraus. Drinnen gewesen zu sein, verpflichtet zu nichts. Wird man mich mißverstehen? Gott schütze uns vor den Materialisten! Aber denkt man bei diesen entsetzlich unmateriellen, knochenlosen, glibberigen und quabbeligen Sprachschändern nicht an den Handwerksburschen, der den Hühnern die verzauberten Brotkrumen weggegessen hatte? „Da ward ihm so mirakelig, so kikelig und kakelig"[40]; und dann legte er Windeier. Himmeldonnerwetter! Ist es ein Mangel an verecundia[41], gläserne Klarheit zu fordern? Wahrhaftig nicht! Dagegen ist es eine, unfaßbare Dinge in ebensolchen Worten wiederzugeben. Schweigt doch, wenn Ihr nicht sagen könnt, was Ihr wollt!

Nur wird es wohl leider so sein, daß Ihr gar nicht wißt, was Ihr sagen wollt. Die Worte der großen Religionsstifter sind sicherlich mehrdeutig: Aber jede Deutung ist für sich festzulegen. Erst Ihr, oder wieder Ihr gebraucht Worte, die überhaupt nicht zu deuten sind. Es steht

[40] Aus Heinrich Seidels Gedicht *„Der Eiersegen"*.
[41] Anstandsgefühl.

Euch frei, Schwarz oder Weiß damit gemeint zu haben. Der selige Hartleben[42] nannte Euch „Mürbefleisch“:

„In klaren Worten kann dieses Mürbefleisch nicht denken.
Drum hat es sich bemüht, sie krampfhaft zu verrenken.
Jetzt weiß man nicht genau: Ist's ein urtiefer Rauner?
Ist es vielleicht auch bloß ein ganz gemeiner Gauner?“

Und noch ein Wort von Nietzsche: „Das Leichtgesagte fällt selten so schwer ins Gehör, als die Sache wirklich wiegt — das liegt aber an den schlecht geschulten Ohren, welche aus der Erziehung durch das, was man bisher Musik nannte, in die Schule der höheren Tonkunst, das heißt: der Rede übergehen müssen.“

Kein Zweifel, daß an der undurchdringlichen Schwülstigkeit einer gewissen neueren Prosa ein Komponist wie Wagner mitschuldig ist. Hätte in den letzten Jahrzehnten Mozart ebenso viel oder, wie es sich gehört, unendlich viel mehr gegolten: Wir brauchten uns jetzt nicht zu quälen, wieder Leichtigkeit, Durchsichtigkeit, Sehnigkeit, Anmut durchzusetzen. Die prachtvolle Grobheit eines Schopenhauer müßte uns zu Hilfe kommen:

---

[42] Otto Erich Hartleben (1864-1905), Lyriker, Dramatiker und Mitarbeiter der „*Schaubühne*“.

„Fichte hat wirklich eine große Entdeckung gemacht, die der Niaiserie[43] der Deutschen, vermöge welcher, wenn ihnen einer keck baren Unsinn vorschwatzt, sie, aus Furcht, ihr Verständnis zu kompromittieren, bodenlosen Tiefsinn darin finden und den Inhalt loben.“

„Um die Menschen zu mystifizieren, ist nichts tauglicher, als ihnen etwas vorzulegen, davon sie deutlich merken, daß sie es nicht verstehen: da werden sie, besonders Deutsche, die treuherziger Natur sind, sogleich annehmen, daß es nur an ihrem Verstande liege, dem sie im Stillen nicht gar viel zutrauen. Zugleich werden sie ihr Nicht-Verstehen ehrenhalber verhehlen, wozu kein sicheres Mittel, als einzustimmen in das Lob der unverstandenen Weisheit, die nun eben dadurch immer mehr Autorität erhält, immer mehr imponiert und immer mehr Mut und Selbstvertrauen in dem voraussetzt, der, seinem Verstände ernstlich trauend und aus eigenen Mitteln urteilend, das Ding für eine unsinnige Salbaderei erklärt.“

„Dieses Wischiwaschi von Worten, welche in ihrer monströsen Zusammensetzung der Vernunft auflegen, unmögliche Gedanken zu denken, bewirkt eine gänzliche Lähmung des Intellekts.“

---

[43] Einfältigkeit.

„Wann ich solches Zeug lese, dann frage ich mich verwundert: Ist das Dummheit oder Niederträchtigkeit? Schwatzt der Bursche so, weil er wirklich so stupid ist, den hohlsten Wortkram, den barsten Unsinn für Weisheit zu halten, oder weil er einen Botenlohn und Zehrpfennig für das Verkündigen dieses Evangeliums hofft?“

„Windbeutel schreiben unzusammenhängendes, unverständliches, ja widersprechendes Zeug hin, wobei der Leser meinen soll, der Autor habe nur ihm zuviel zugetraut. Er schämt sich daher, zu sagen, daß er bei dem Buche gar nichts denkt, lieber gibt er vor, es vollkommen verstanden zu haben, und versichert, es sei tiefsinnig. Ein anderer, der gerade im selben Fall ist, stimmt mit ein: Und so macht ein Windbeutel viele. So ein Schriftsteller mißbraucht den Kredit, den ihm der Leser schenkt, daß er Gedanken habe und mitteilen wolle; er gibt bloße Worte und Phrasen. Käme es zur Realisation dieser Papiermünze, so würde er bankrott. Es würde offenbar, daß die vermeintliche Tiefe Bodenlosigkeit ist. Aber so entstehen herrlich dunkle Bücher, aus denen kein Mensch klug werden kann.“

Ein Jammer! Das einheitliche Dogma der Tat ist uns längst verlorengegangen. Dafür hatten wir bisher die

Worte. Jetzt verrutscht uns selbst dieser Boden wie der wehende Sand an meinem Nordsee-Ufer, unter den Füßen. Bewundert wird, wer in Heniden[44] denkt und lehrt. Verweibischtes Geschlecht! Es müßten Männer kommen...

— Ein Umriß, kürzlich hingeworfen. Nun ist der Krieg gekommen. Mit dem verweibischten Geschlecht wird es ein Ende haben. Die Tat gilt wieder. Und nach dem Kriege soll gevierteilt werden, wer nicht in musterhafter Klarheit sagt, was er zu sagen hat!

Mittwoch, am fünften August

Das verwunschene Dorf... Als sei es von Efeu umwuchert. Als hielte es den Atem an. Eine feiertägliche, märchenhafte, nervenbegütigende Ruhe. Knudsen fährt mähen. Sonst johlten von seinem Leiterwagen mindestens vier Hamburger Jungens: Der achtjährige Herkules, der ohne Kleider einundachtzig Pfund wiegt, sein Bäuchlein wie eine Trophäe vor sich herträgt, „über Tiere forscht", wie er es nennt, nie ohne den *„Kleinen Brehm"* reist und darüber wacht, daß keinem Ohrwurm eine Zange gekrümmt wird; sein schlankerer und stillerer

[44] Ein von Otto Weininger geprägter Begriff, welcher eine Art embryonales Stadium jeder Idee bzw. jedes Gedanken bezeichnet, in der er noch nicht ausgeformt und konturiert ist.

elfjähriger Bruder, der den Russisch-Japanischen Krieg[45] von Anfang bis zu Ende schildert, als sei er dabei gewesen, und von den Bauern geholt wird, wenn irgendeine ihrer Maschinen entzwei ist; und die zehnjährigen Zwillinge Ernst Qtto und Max Qtto, Pfiffikusse und Preisschwimmer, die in der Badehose gegen die tollste Sturmflut ihre „Burg" so lange verteidigen, bis die Wellen über ihre sehnigen, gebräunten Körperchen schlagen, die wie kleine Ritter rechts und links von ihrer strohverwitweten Mutter schreiten, und von denen der eine neulich aus heiler Haut gesagt hat: „Wir haben beide denselben Vornamen wie die Ottomobile[46]." Sie alle sind jetzt weg. Knudsen fährt lautlos und allein. Im Sonnenglanz durch Morgennebeldunst. Es ist sechs Uhr vorbei. Drüben malt der Portraitmaler den Pferdemaler und dieser, dem man sein Schimmelchen auch weggekauft hat, das weiße Friesenhaus des Portraitmalers, das älteste Haus des Dorfes, von 1734, und das schönste, weil quer über eine ganze Wand Fenster aufs Watt gehen.

Die beiden Maler — der junge, leise, nervöse Hafenstädter mit dem slawischen Gesichtsschnitt, den dunkelgelben Bartstoppeln, den Handbewegungen der aufrichtigen Bescheidenheit, und der alte, hagere, bärbeißige,

---

[45] Er fand 1904-1905 statt.

[46] Automobile mit Ottomotor.

aber schrecklich gutmütige Badenser, der so viele „Schluß-Ns“ verschluckt hat, daß er keine mehr braucht und deshalb möglichst wenig spricht — die beiden haben den Krieg vergessen.

Ich sei, gewährt mir die Bitte... Ich korrigiere das dritte *„Jahr der Bühne“*. Soll ich es an Sorgfalt fehlen lassen? Soll ich auf die Anschaulichkeit eines Adjektivs weniger Wert legen, weil es Krieg ist, bedenke: Krieg, in den dein Nachbar zieht? Wer mich in zehn Jahren liest und an eine stumpfe Stelle gerät, wird sich nicht darum kümmern, daß im August 1914 die Weltlage meine Konzentrationsfähigkeit geschwächt hat, sondern wird mir unnachsichtig vorwerfen, daß sogar ich manchmal geschlafen habe.

Und warum soll ich mich gerade jetzt nicht quälen, wo es Millionen schlechter haben als ich? Wie viele werden ohnehin die allgemeine und ihre besondere Unruhe als Vorwand zur Faulenzerei benutzen! Arbeiten wir, jeder das Seine. Der eine erlegt Menschen, der andere Kunsteindrücke. Ich bohre meinen Blick fest auf das Ziel, bis mich die Stirn beinahe schmerzt, und drücke los, wenn sich die Hand beruhigt hat. Was ich im Winter nicht getroffen habe, muß mir im Sommer wieder vor den Lauf. Im Herbst erscheint der Streckenbericht. Diesmal sind es zweihundertfünfundzwanzig Seiten. Ich bessere, säubere, feile, putze. Ich will, daß es leuchtet und blinkt wie um mich her das Land und das Meer, die mir in jedem Sommer Kraft für jeden Winter geben. Jetzt lese ich, wie schwer im vorigen Jahr der Abschied war:

„Da lag der Strand, da lagen die Wiesen des Watts, da lag die Heide, da lagen die Dünen. Auch heute und übermorgen und gewiß durch den ganzen September würde der Sand unterm Roten Kliff zur Badezeit glühen; würde der Birnbaum des alten Gasthofs breiten Mittagsschatten werfen; würde das Staticienfeld[47] der beste Platz sein, um sich von der rätselvoll bleiernen Nachmittagsstille des verebbten Flachwassers Glieder und Sinne süß betäuben zu lassen."

Ich streiche das alles. Wahrscheinlich habe ich bereits vom Krieg gelitten, und es ist ziemlich albern, aber ich kann meinen geronnenen Schmerz um das frühe Ende einer glücklichen Ferienzeit nicht stehen lassen, wenn Millionen ...

Ein Wutschrei irgendwoher! Ein weher, wilder Schrei, schrill und schauerlich. Wir fahren aus unseren Träumereien, Pinseleien. Kritzeleien auf, als hätte uns ein Stein-

---

[47] Limonium-Arten, auch „Strandflieder", „Strandnelke" oder „Meerlavendel" genannt.

wurf gemahnt, daß es härtere Dinge gibt, als wir hier treiben. Jemand schreit — nicht, um zu verkünden, daß England Deutschland den Krieg erklärt hat, sondern, um sich Luft zu machen. Was hat einer der Zwillinge von einem Schulkameraden gesagt? „Er ist ein guter und netter und kluger und fleißiger Junge. Aber er hat den Fehler, daß er in allen Lebenslagen ein bißchen zu anständig ist." Deutschland nicht auch? Es hat sich von diesem England übers Ohr hauen lassen. Es ist mit ihm umgegangen wie mit seinesgleichen. Es hat es nicht hinter dem Busch gesucht, hinter den es sich selbst nie gestellt hätte. Es hat geglaubt, daß die Ehre, Shakespeare hervorgebracht zu haben, ein Land davor behüten werde, mit Asiaten gemeinsame Sache gegen Europäer zu machen.

Ich laufe ans Wasser, ins Wasser. Man hat das Gefühl, daß man plötzlich beschmutzt worden sei und sich gründlich reinigen müsse. Regungen stellen sich ein, die man sich niemals zugetraut hätte. Man blinzelt heftig, um den roten Schleier zu zerreißen, der sich vor den Augen gebildet hat. Umsonst! Wer keinen Tropfen Blut sehen konnte, wünscht sich, das Blutbad zu sehen, das die deutschen Schiffskanonen unter dem Gesindel hoffentlich anrichten werden. Möge nach solchem Blutbad das Meer, dieses friedlich gebreitete Meer sich empören und das Räuberpack bis zum letzten Armstumpf verschlingen! Aber das kühle Meer duldet nicht Hitze. Wie man hineinsprang, steigt man nicht wieder heraus. Das Volk hat ja keine Schuld. Es sind ja nicht die Engländer. Es ist *„England“*. Und was ist das? Das Firmenschild für einen Diplomatenladen, worin man der Dichtkunst Stimme nicht vernimmt und deshalb ein Barbar ist, worin es keinen völkergeschichtlichen Weitblick, sondern nichts als Haß und Konkurrenzneid auf Deutschland gibt. „Es ist ihnen zu hoch gestiegen, möchten es gerne herunterkriegen.“

Nun, das wird ihnen nicht gelingen. Was dort am Horizont Rauchsäulen in die Luft pufft, wird uns schützen. Die Übermacht ist auf jener Seite? Der Gemeindevorsteher setzt mir auseinander, daß die Engländer ihre Kanonenrohre nach fünfundzwanzig Schüssen auswechseln müssen, die Deutschen erst nach zweihundert. Da ich keine Angst habe, braucht sie nicht beschwichtigt zu werden. Ammenmärchen wären dazu auch kaum tauglich. Dann hält er mir ein Blatt Papier vors Gesicht, das er sogleich irgendwo anschlagen wird:

„Hiermit wird amtlich bekannt gemacht, daß spätestens morgen früh sämtliche Fremden die Ortschaft zu verlassen haben.“

Nachmittag. Die Ortschaft ist nicht die Insel. Ich bin entschlossen, mich erst nach energischer Gegenwehr zu ergeben. Am Sonntag las man in der abscheulichen Badestadt: „Das Gerücht, daß die Insel von den Fremden geräumt werde, entbehrt jeder Begründung.“ Vielleicht bleibt es dort dabei. Wenn man der einzige Fremde ist, wird es sich auch dort ertragen lassen. Ich will noch nicht in eine Welt zurück, wo all das möglich ist. Ein Telegramm beschreibt die Reichstagssitzung und rühmt die hundertelf Genossen[48]. Warum? Daß sie dem Zaren schließlich unseren Kaiser, dem Standrecht einen Kugelregen vorziehen, der vielleicht neun Zehntel der bewaffneten Genossen heil und lebend läßt, ist selbstverständlich und nicht rühmlich. Rühmlich wäre es gewesen, die Ideen der Partei von Abrüstung und Völkerfrieden vor dem Kriege, nicht erst nachher durchzusehen.

Zurück in diese Welt? Ich höre nicht auf, mich zu schämen, daß mich heute früh die Nachricht von Englands Kriegserklärung auf eine halbe Stunde zu einem blutdürstigen Raubtier gemacht hat. Wer weiß, wie mich in dieser Zeit das tobende Berlin verwandelt! Jedenfalls versuche ich, mich in der Badestadt unterzubringen. Mich und die Hunde des Portraitmalers. Erst waren es

[48] Die Sozialdemokraten hatten einstimmig die Aufnahme von Kriegskrediten bewilligt.

zwei Schwestern, schöne, rassereine Greyhounds. Dann bekam die eine elf, die andere neun nicht minder rassereine Kinder. Sie wuchsen auf, zu unserer und der Mütter Freude, einfarbige, gefleckte und gestreifte edle, zierliche, teils unternehmungslustige, teils artige Tiere mit rosigen Schnäuzchen, seidenen Öhrchen und Charakter.

Die eine Mutter büßte ihre Bissigkeit mit ihrem Leben. Der anderen, sanfteren, starben nacheinander, von den Kindern, Neffen, Nichten, zwölf. Den Rest der Jungen will ich also in der Badestadt verschenken. Die Alte, Zetta, ist vielleicht nach Hause zu transportieren. Wir ziehen los. Ach, man nimmt weder sie noch mich geschenkt. Es ist so leer, menschen- und hundeleer, daß meine Schritte in den Straßen dröhnen. Weswegen fehlt es trotzdem an Unterkunft, an Futter, an Interesse?

Die militärische Kultur, die unser Dorf beleckt, hat in erhöhtem Maß sich auf die Stadt erstreckt: Von morgens früh an hat man jeden Raum und jeden Bissen für die Einquartierung nötig. Und überdies: englische Hunde? Man findet ja die Engländer so hündisch, daß man selbst ihre Tiere nur behalten würde, um sie zu vergiften. Aber brauchen wir dazu die Badestädter? Zuhause schlägt der Besitzer eins, zwei — nein, weiter keins der Tiere tot.

Ihm graute, dieses aristokratische Geblüt nicht mit der liebevollsten Sorglichkeit gehegt zu wissen. Mehr aber graut ihm, noch ein drittes Augenpaar...

Wir hoffen, daß die Einquartierung unverroht genug vom schlachtenlosen Inselwachtdienst bleiben wird, um so grazile Wesen gerne durchzufüttern, und lassen sie in ihrem Gatter. Packen. Nehmen ringsum Abschied. Treffen Abmachungen für den nächsten Sommer. Setzen uns um einen runden Tisch vor roten Wein. Sind, je nach Naturell, voll Sorge oder einer Zuversicht, mit der ich schließlich siege. Dann aber gehe ich heimlich und allein zum Strand hinunter, um unterm dicken Mond zum letzten Mal hinauszuschwimmen.

Donnerstag, am sechsten August

Nachts um drei wache ich auf. Von Kanonendonner. Also schon! Dann war es wirklich Zeit, die Frauen und Kinder und Greise abzuschieben. Aber auch mich? Mein altes Journalistenblut regt sich. Die Kriegsberichterstatter wissen gewöhnlich eine Kanone von einem Pferd nicht zu unterscheiden: die Tenorrolle in *„Fatintza“* ist nicht ihre Karikatur, sondern ihr getreues Konterfei. Der einzigartige Binder-Krieglstein[49], wenn er diesmal überhaupt dabei ist, wird mit den Österreichern gegen die Russen gehen. Das ist einer von denen, deren allgemeine Schreibfaulheit Walther Rathenau so bedauert, eine dieser Naturen, wie sie sicherlich zu Hunderten auf der Welt herumlaufen, Gemsen schießen, die Mädels ins Gras werfen, mit den Matrosen raufen — und die vielleicht einmal, in der Kneipe oder auf einer Station meiner Insel-Kleinbahn, wenn wir zusammen auf das Zügele warten, richtig loslegen.

Allwelche Berichte unsereinem dann immer wieder die alte Ansicht verstärken, daß niemand so gut seine Meinung auszudrücken versteht wie der, der es nicht berufsmäßig tut. Krieglstein hat als Kriegskorrespondent die Mandschurei besucht, damals 1904, als es so hoch herging. Und wie dieser Mensch begriffen hat, daß weitaus die meisten unserer Maßstäbe relativ sind, daß alles durcheinanderpurzelt, wenn sich nur die paar Breitengrade verschieben, das sticht so wohl von der unbedingten Sicherheit unserer Schreibgewerbler ab, daß man ordentlich aufatmet. Er hat das Ding rein menschlich genommen: die Hinrichtung eines japanischen Spions; die slawische Hysterika; seinen wundervollen chinesi-

[49] Gemeint ist der Autor Eugen Reichsfreiherr Binder von Krieglstein (1873-1914), ein Reiseschriftsteller und Kriegsberichterstatter.

schen Diener; und vielerlei mehr *„aus dem Lande der Verdammnis“*[50].

Ich habe ihn diesen ganzen Sommer gelesen. An wen ich die Bände dann weitergab, der hat mir gedankt. Man merkt schnell, daß Krieglstein nicht schreiben kann, aber daß er alles gesehen hat. Er ist, und das ist die Hauptsache, einer der wenigen, die genau wissen, daß man die Kluft *zwischen Weiß und Gelb*[51], ja, auch zwischen Weiß und Weiß, zwischen Slawen und Germanen nicht zu überklettern vermag, nicht mit den schönsten Aphorismen und nicht mit der Historie, und gar nicht!

Von ihm ist zu erfahren, wie es an der schmutzigen Nordwestecke Asiens, am Stillen Ozean zugeht, und daß der Potsdamer Platz und der neue Wedekind letzten Endes nicht weltbewegend sind. In Krotoschin gibt es kleine und in Berlin nicht ganz so kleine Kleinstädter, und die Welt ist viel größer, als im Atlas zu lesen steht, und man muß nicht hoffen, das Chaos jemals mit Klischees und Schlagworten einzufangen.

Ich wollte hier über seine Bücher schreiben, die keiner weglegt, bevor er die letzte Zeile verschlungen hat —

---

[50] *„Aus dem Lande der Verdammnis“*: Titel eines Buches von Eugen Krieglstein.

[51] *„Zwischen Weiß und Gelb“*: Titel eines Buches von Eugen Krieglstein.

diese unliterarischen Bücher eines tapferen Mannes, der ganz Auge ist, und zwischen Weiß und Gelb, Krieg und Frieden, Land und Leuten, Sitten und Gebräuchen, zu einer grauenvollen Anschaulichkeit bringt. Wäre es nun nicht besser, als diese Anschaulichkeit zu rühmen: selber anzuschauen? Ich will morgen doch noch einmal fragen, ob jemand, der so lange herkommt, bis an sein Lebensende jedes Jahr herkommen und eines Tages Bürger- oder Bauernrecht erworben haben wird, als Fremder zu betrachten ist.

Inzwischen spielen die Kanonen. Ein Feuerstreif fällt auf mein Bett. Ist es zu glauben, daß die fremden Schiffshaubitzen unser Dorf erreichen, ins Strohdach eines Friesenhauses schlagen? Geprassel wie von Flintenschüssen. Aber das ist ja bestimmt nicht möglich. Sollte — denn Feinde können nicht gelandet sein — der brave Badewärter Jens, der gestern stolz in Uniform vorbeigeradelt ist, auf seine Vettern Jahns, Thams, Pahl und Kamp blutdürstig sein? Och nöh!

Allmählich lassen die Erscheinungen sich unterscheiden: Es donnert, regnet, blitzt, und jedem Angriff eines Donnerschlags antwortet ein Kanonenschuß. Dies ist die wahre Spükezeit der Nacht. Ich setze mich ans offene Fenster. Ein Gewitter ist hier immer eine Seltenheit und meist ein Anblick ohnegleichen. Pechschwarz und riesenhaft und drohend ragt der Leuchtturm. Die Blitze vierteln und halbieren seine Form, verzerren seinen Umriß, vollführen über ihm und rechts und links gespensterhafte Flackertänze. Die Schafe neben mir im Stall bezeugen durch Geblöke und Gescharre ihre Todesangst. Aufs Zelt vorm Hause platschen Wassergüsse. Und immer wieder, wenn der Himmel sich sekundenlang verpustet, greifen die Geschütze ein. So geht es, furchtbar prächtig, über eine Stunde. Bis daß der Morgen, angetan mit Purpur, betritt den Tau der hohen Düne dort.

Auf meinem Vorplatz: eine kleine Schar Soldaten. Sie sind vorhin ins Dorf gerückt und schildern das Manöver, das zu ihrer eigenen Überraschung am späten Abend für die Nacht befohlen worden war. Ein Seegefecht zum Schein. Sogar die Minen mußte man erproben. Am Strand entdecke ich davon die Spuren. Ich darf nicht bleiben. Also will ich wenigstens zum allerletzten Mal ins Wasser. Ein Abschied für zehn Monate. Langsam und widerwillig trolle ich mich über meinen roten Klinkerweg zurück.

An einem Punkt sieht man so dicht wie nirgends beide Meere aufeinanderstoßen, gehemmt durch einen schmalen Sandstrich: Hier die große, grüne, brüllende, gesalzene Flut und drüben dieses stumme, schwarze, moorig brütende Gewässer zwischen Fest- und Eiland. So ist es im Augenblick. Mit Tageszeit und Witterung ändert sich das Bild. Keines gleicht dem anderen. Aber noch das trübste, regenschwerste strahlt von einer Herrlichkeit, die zu verlassen ...— Schlachtfeld, Wundfieber, kein Schluck Wasser, Aasgeruch… — Ich bin schon still!

Ordonnanzen sprengen durchs Dorf. Mit ihnen tolle Gerüchte. Attentat auf den Kaiser! Dem Kronprinzen hat man die Hand durchschossen! Siebzehn russische Kriegsschiffe — gibt es überhaupt so viele? — sind in der Ostsee vernichtet worden! Die Dänen gehen über die Grenze und holen sich, eins, zwei, drei, Schleswig-Holstein zurück! *Na, denn is' man gut…*

Bleik Sönksen, elfjährig, zu meiner Linken, schiebt mit unverkennbarem Nationalhaß mein Handgepäck. Wundfieber hin, Schlachtfeld her: Ich beneide ihn doch, daß er hierbleiben kann. Der Fuß klebt mir förmlich am Boden fest. Möwen, Möwen in weißen Flocken. Sonnenschein. Durchsichtige Wolken. Üppig besteckte Wiesen, von denen ich vierzehn Tage zuvor mit den Zwillingen bunte Geburtstagsblumen gepflückt habe.

Schön war der Friede, ein lieblicher Knabe! Meeresduft aus vier Himmelsrichtungen... Erste Blüte des Heidekrauts... Ernte-Arbeit im ganzen Bezirk... Wenn ich den Mut aufbringe, mich umzuwenden, liegt vor mir der Teil der Insel, den ich *„die Griechische Bucht"* getauft habe — warum, weiß ich nicht; aber jedem scheint, daß es paßt. Dicht bei der *„Griechischen Bucht"* der Platz, wo ich dereinst eine Hütte bauen, einen Wall herumziehen und von Jahr zu Jahr eine längere Frist vergessen werde, daß es einmal Menschen gegeben hat, die einander gehaßt, bekämpft, Bauchschüsse verabfolgt und niedergeritten haben. Wer hat seine Feindschaft wider den Krieg in die schlagenden Worte gefaßt, daß Reiche vergehen, aber ein guter Vers besteht? Wenn ich nicht irre: der Staatsminister Wilhelm von Humboldt. Den Rittern, die an uns vorübertraben, gehört ein Vierteljahr, ein halbes Jahr, ein Jahr — dann sind wir wieder an der Reihe, und auf nicht so kurze Zeit.

Der Osthafen. Elfmal war der Südhafen meine Ankunfts- und Abfahrtsstation — jetzt muß ich auf dem Landweg heim, wie alte Weiber. Ein Hauptmann nimmt uns höflich in Empfang und läßt uns für die Überfahrt zum Festland zwischen Motorboot und Segelkutter freie Wahl. Gibt es da eine Wahl? Vielleicht tritt eine Flaute ein, und statt zwei Stunden dauert es zwölf. Vielleicht auch wird man aus dem Watt ins offene Meer getrieben und landet irgendwo. Leider geht es ziemlich glatt. Der einzige Zwischenfall ist ein Gewitter, eine schwache Nachgeburt des nächtlichen Naturschauspiels. Ich halte rechts die Hündin Zetta, links einen Blondkopf von zwei Jahren, und Kind und Hund sind wieder füreinander teils Beschützer, teils Beschützte.

Im Süden gießt es, im Norden ist es schon hell. Mehr und mehr Sonne fällt auf das Geschwader, das uns im Nordertief die Insel hütet. Der Kutter saust. Der Wind ist sprunghaft, böig. Ein Ureinwohner mit gewaltiger Schifferfräse[52] läuft von Fock zu Klüwer und von Top zu Fock, hißt, holt herunter, wendet, kreuzt, hißt, und holt abermals herunter. Die graue Wand im Osten lichtet sich jetzt auch. Die ganze Insel liegt auf einmal in Glanz. Es duftet tangig, schaumig, feucht. Man wird durchweht, durchwühlt, auf eine Art durchkältet, daß man glüht. Die Wellen spritzen über Deck. Aus Wind droht Sturm zu werden. Ich lebe zwiefach. „Du meiner Jugend wilder Freund, so sind wir wiederum vereint.“ Noch einen Blick — und, nach dreistündiger Fahrt, wirft unser Kutter Anker.

[52] Ein Vollbart, bei dem der Oberlippenbereich ausgespart ist.

Vier Stunden Aufenthalt. Ich lade nach dem Mittagessen Zetta in ein Boot, und rudere einen Fluß hinauf. So viele reiche, blühende Provinzen — ein kräftiges, ein großes Land! Lachende Marschen, fette Ackerweide. Gepflegte Bauernhöfe. Kühe, doppelt so schwer wie unsere märkischen. Ein Pferdeschlag, an Fülle und an Schönheit nicht zu übertreffen. Dieses Volk wird nicht leicht auszuhungern sein. Windmühlen, Dutzende, in Tätigkeit. Sogar jetzt hat ein Müller die Beschaulichkeit, die seine weiß zu streichen. Es ist ringsum so viel zu sehen, zu bestaunen, daß ich beinahe den Zug versäume.

Er geht kriegsfahrplanmaßig ab. Auf Regellosigkeit, das merkt man gleich, ist nicht zu zählen. Aus einer Stunde werden drei, weil für ein einziges Haus am Weg gehalten wird. Das aber ist von vornherein berechnet, und pünktlich um halb Sieben sind wir in der ersten Stadt. Die war einst dänisch und wird, den Gerüchten nach, in wenigen Tagen wieder dänisch sein. *Na, denn is' man gut....*

Zwei Stunden Aufenthalt. Spaziergang. Lauter kleine Häuselchen. Stumpfrote Ziegelmauern. Erker ganz aus Glas. Freitreppen mit geschmiedeten Laternen von der höchsten Formenschönheit. Der Deichgraf wohnt, als würde jeder Deichgraf eines Tages Fürst mit Namen

Bismarck. Marktplatz und Kirche, daß man sich verwundert fragt, warum man nie von dieser winzigen Stadt gehört hat, und ob es hier oben überall so aussieht.

Inzwischen hat die Straßenjugend mich entdeckt. Ich habe, sonnensüchtig wie ich bin, an jedem Tage meiner sieben Ferienwochen sechs Stunden lang im Sand oder vorm Haus gelegen und könnte einen Ethnologen bei der Wahl, welch wildem Völkerstamm er mich zuzuweisen habe, weidlich schwitzen machen. Die Straßenjugend, kurz entschlossen, johlt: „Ein Neger! Guckt doch bloß den Neger an!" So geht es bis zum Bahnhof. Dann stehe ich, vor Abgang unseres Zuges, vorn bei der Maschine und unterhalte mich mit ihrem Führer, als ein halbes Dutzend Vaterlandsverteidiger, die mich bereits von fern beschnüffelt haben, nunmehr nicht länger zögern, auf mich einzudringen und — Muttersprache, Mutterlaut — die Frage zu erheben:

„Wat sind'n Sie for'n Landsmann?"
„Na, Ihra", sage ich, — „Berlina."

Damit ist dieser Angriff abgeschlagen, und der Zug darf fahren. Nach Hamburg nur neun Stunden, anstatt drei. Wir sitzen im Coupé zu vieren. Ach, nach kaum einer halben Stunde kommen vierzehn Mann hinzu, die allesamt nach Hamburg wollen. Es wird allmählich unerträglich. Um halb zwölf ist ein Städtchen fällig, das zwei großen deutschen Dichtern seinen Ruhm verdankt. Rasch, ehe die musenmörderische Reichshauptstadt mit ihrem Kriegsgeschrei mich einschlingt, ein paar Stunden reinere Luft. Ich schultere meinen Koffer und tappe in den dunklen Ort so tief hinein, bis sich ein offener Gasthof auf dem Platz findet, über den Storm und Hebbel oft und oft geschritten sind.

Freitag, am siebten August

Ich stehe um sechs auf und schaue mir die Dichterwiege an. Ein Hafenstädtchen. Hafen und Städtchen wie aus der Spielzeugschachtel. Nicht viel kleinere Schiffchen haben die Zwillinge und ihre Freunde bei Ostwind im Meer, bei Westwind im Watt schwimmen lassen. Masten wie Spazierstöcke, Segel wie Kinderbettlaken und eine Bemannung, die mir auch nicht recht ausgewachsen erscheint, aber freundlich und umständlich, in einem harten Platt erklärt, wie ich zu Fuß an die Nordsee gelange. Drei Kilometer. Dort kann man baden. Ich marschiere durch das Schloßgärtchen, an Storms Denkmal vorbei, durch den Stadtpark, über Wiesen und Äcker und — schon tut das Meer sich mit erwärmten Buchten vor den erstaunten Augen auf! Rechts eine Insel, links eine Insel, weit draußen Halligen. Ach, wäre doch ein Zaubermantel mein, und trüg' er mich... Aber ich muß nach dem Bad zum Stationsvorsteher, der wissen wird, wann man nach Hamburg fährt. Um den Bahnhof ist es schwarz. Ganze Rudel von Reservisten. Gesumm und Gebrumm und Musik und Tränen. Wie ich mich erkundige, tritt ein Mann an uns heran und sagt in bedrohlichem Ton zu dem Beamten, über mich: „Leute, die so aussehen, werden bei uns in Flensburg sofort auf die Wache gebracht." Keine Antwort. Ich marschiere weiter.

Nach zwei Minuten hinter mir: Tapp, tapp, tapp, tapp. Soldatenschritte. Rechts ein Bajonett, links ein Bajonett.

„Halt! Wer sind Sie? Was sind Sie? Woher kommen Sie? Wohin wollen Sie? Haben Sie einen Ausweis?"
„Ja, eine Visitenkarte."
„Das ist kein Ausweis."
„Sonst habe ich nichts."
„Dann müssen wir Sie verhaften."
„Weshalb?"
„Uns ist befohlen... Russische Spione..."
„Halten Sie jeden Deutschen, der an der See ein bißchen verbrannt ist, für einen russischen Spion?"
„Man weiß ja nicht... In den Zeiten..."

„Aber glauben Sie, daß russische Spione so berlinisch reden wie ick, Ihr Jefangna?“
„Gott, Schufte gibt es überall, und schießlich kann sich Rußland auch Berliner kaufen.“
„Dann wird es sich wohl weniger auffällige Exemplare aussuchen. Ich schlage Ihnen also ernstlich vor, mich gehen zu lassen.“
„Krischan, wollen wir ihm gehen lassen?“
„Ja, er kommt ja doch nicht weit.“

Ich komme immerhin bis ins Hotel, ohne ärger als von verwunderten, forschenden, feindseligen Blicken der Bevölkerung behelligt zu werden. Nachdem ich mein Bündel geschnürt habe, ist bis zum Abgang des Zuges noch Zeit für Storms Geburtshaus. Auf der Straße Patrouillen. Eine umzingelt mich:

„Wer sind Sie? Was sind Sie?
„...? „...?“...
— „Zum Unteroffizier!“

Ins Hinterzimmer eines Gasthofs. Hochnotpeinliches Verhör. Krieg: das hat man im Frieden so hingesagt. Wahrscheinlich hat keiner, der 1870 ein Säugling oder nicht einmal das war, eine deutliche Vorstellung mit dem Wort verbunden. Die ist erst allmählich zu gewinnen.

Wie man mich jetzt, weil ich ein paar Wochen die Sonne nicht gemieden habe, in dem Lande, wo ich geboren und aufgewachsen bin, und dessen Sprache ich schließlich nicht allzuviel schlechter spreche und schreibe als die Mehrzahl dieser mutigen Krieger, für einen lästigen, verdächtigen, gefährlichen Ausländer nimmt und herumstößt: Das ist gewiß ein Kinderspiel gegen die Leiden unzähliger Volksgenossen und auch an sich ein Nichts.

Aber es trägt durchaus nicht dazu bei, meine Kriegsbegeisterung zu erhöhen. Seelenruhig — weil ja diese Psychologen Ungeduld für Schuldbewußtsein halten würden (während wahrscheinlich gerade der berufsmäßige Landesverräter, ha, eiskalt sein wird) — also eiskalt enthülle ich dem Unteroffizier meine Gefühle. Er schiebt alles auf die Order und auf seine und seiner Leute Überreiztheit. Sie seien seit drei Tagen nicht aus den Stiefeln gekommen. Zudem sei es besser, zehn „Spione" zu viel als einen zu wenig zu fangen. Man merkt wieder, wie draußen, daß Militär und Zivil vor Tatendrang fiebern. Das Vaterland ist in Gefahr. Sie werden es retten. Sie wollen an den Feind. Sie haben gelobt, ihn in irgendeiner Gestalt zu fassen, und wäre es in meiner. „Wenn Sie nichts weiter als Ihre Visitenkarte haben, dann werden Sie wohl in den nächsten drei Tagen nicht wegkommen."

Ich habe für mehr als drei Tage Arbeit im Koffer und könnte sie hier so gut erledigen wie anderswo. Aber die Sicherheit dieser subalternen Herrschaften reizt mich. „Wetten, daß ich um halb Zwölf im Zug nach Hamburg sitze? Sie brauchen mich nur zu Ihrem Bürgermeister zu führen.“ Nie hätte ich einer Stadt von achttausend Einwohnern einen solchen Bürgermeister zugetraut! Kultiviert, gescheit, verbindlich, heiter, jeder Zoll kein Bürokrat. Ich biete ihm an, meinen Koffer holen zu lassen und sich aus den Büchern, Manuskripten, Korrekturen und Briefschaften zu überzeugen, daß ich bin, wofür ich mich ausgebe. Er verzichtet. Er für sein Teil glaube mir alles.

„Aber wie werden Sie aus der Stadt herauskommen? Sie sehen ja wirklich doll aus. Als Sie heute Nacht im Hotel aus Versehen die Tür zu unserem Honoratiorenzimmer aufmachten, fuhren wir bei Ihrem Anblick genauso zurück wie Sie bei unserem. Man wird Sie nie auf den Bahnhof lassen.“
„Doch. Wenn Sie mir einen Passierschein ausstellen.“
„Das ist, da Sie gar keine Legitimation in unserm Sinne haben, und da ich eigentlich nicht jemand legitimieren kann, mit dem ich mich fünf Minuten unterhalten habe, immerhin ein Risiko.“

„Nehmen Sie es auf sich. Wo Millionen Menschen Kopf und Kragen wagen...“ Er ruft seinen Sekretär und diktiert:

„Der Vorzeiger dieses: Der Zeitschriftenverleger Siegfried Jacobsohn aus Berlin-Charlottenburg befindet sich auf der Reise von der ‚Insel X' nach Hamburg. Gegen seine unbehinderte Weiterreise sind Bedenken nicht zu erheben.
Die Polizeiverwaltung von Y.
Der Bürgermeister Z.“

„Heißen Dank!“
„Glückliche Reise!“

Aber es ist noch nicht so weit. Am Eingang zum Bahnhof versuche ich spaßeshalber, ohne meinen Passierschein durch die Bajonette zu dringen. — Nicht dran zu denken! Als dann der Zug einfährt, sinkt eine schwere Hand auf meine Schulter: „Halt! Wer sind Sie? Was sind Sie?“ — Die alte Leier. Ich sitze kaum auf meinem Platz: — Schon wieder zwei Soldaten! Endlich ist die Türe zu. Die Lokomotive soll anziehen. Ein schallendes „Halt!“ Vier Soldaten. Der ganze Fragebogen. Mein Passierschein. Abfahrt. Uff! Immer wieder hatten Zivilisten, irrsinnig vor Angst um ihr Vaterland, die bewaffnete Macht auf mich gehetzt.

Die Fahrt ist lang und anfangs schön. Ein Flüßchen wie die Eider. Ackerbau und Viehzucht. Kofferuntersuchung vor dem *„Kaiser-Wilhelms-Kanal“*[53], von dessen Brücken möglichst wenige durch Bomben zerstört werden sollen. Zwei Confratres[54], die belehrende Abhandlungen über den Unterschied zwischen römischem und morgenländischem Katholizismus reden. Zeitungsaustausch. In der Nummer vom dritten August, die mitteilt, daß Luxemburg besetzt ist und Libau vom Wasser aus bombardiert wird, findet sich auch die Notiz: „Zu Ehren Paul Lindaus[55] ging im neuen Kurtheater von Binz sein Lustspiel *„Die beiden Leonoren“* in Szene. Das Publikum brachte Paul Lindau, der nach dem zweiten Akt auf der Bühne erschien, lebhafte Huldigungen dar. — Lieb' Vaterland, magst ruhig sein. Allmählich ist es im Coupé geworden, wie der Gassenhauer der Berliner Stadtbahn für den Sommersonntag nachsagt, nachsingt: Zehn sitzen, elf liegen und die anderen, die stehen. Allein auf jedem meiner Füße zwei.

Die Sonne bleibt mir ehern treu. Bis Hamburg scheint es eine Ewigkeit. Nach sechs wird es sichtbar. Um sieben

---

[53] Heute: Nord-Ostsee-Kanal.

[54] Mitglieder eines geistlichen Ordens.

[55] Literat, Journalist, bedeutender Kritiker und Theaterleiter. Er lebte von 1839-1919.

sind wir auf dem Hauptbahnhof. Rauch, Teergestank, Gepfeife, Menschenmassen, Großstadt, Regen, Autos und die Abendzeitung. „Ein Handstreich auf die modern ausgebaute Festung Lüttich ist nicht geglückt. Natürlich wird die gesamte Presse des feindlichen Auslands diese Unternehmung, die auf den Gang der großen Operationen ohne jeden Einfluß ist, zu einer Niederlage stempeln." Mag sie. Ins Hotel. Ans Telefon. Hat man je im Frieden eine Hamburgerin aus guten Kreisen jauchzen gehört? Die Mutter der Zwillinge jauchzt.

„Was ist denn, um Himmelswillen?"
„Lüttich ist genommen."
„Ich habe es eben anders gelesen."
„Das gilt nicht. Mein Mann ist beim Telegraphenkommando und hat mir vor fünf Minuten die offizielle Mitteilung durchgesagt. Also kommen Sie schnell. Das wird gefeiert."

Eine Villa zwei Schritt von der Alster. Leise plätschert sie an das Kanu der Zwillinge. Fern heult der Hafen. Hängeweiden. Efeu um das ganze Haus. Veranden. Weiße Möbel in den hohen Zimmern. Beweise musikalischer Betätigung. Bücher über Bücher. Eine Atmosphäre von Ruhe und Reinheit, die nach dem Radau, dem Staub und den Verhaftungen der Reise meine Nerven förmlich liebkost. Ein Bremer Handelsherr, der hier Rekruten drillt, gesellt sich zu. Die Reeder sind auf einige Zeit nicht gut dran. Murrt einer? Dieses Lüttich! Wie geschwind! Wie muß das drüben wirken!

„Ihr wolltet stören meinen Herd.
Ich zeigte euch die Mannessehne.
Und lachend trockne ich mein Schwert,
An meines Rosses schwarzer Mähne."

Wir sind voll Dank und froher Zuversicht. Nein, nein, mit diesem Land kann es nicht schiefgehen!

Sonnabend, am achten August

An, in und auf der Alster.

Sonntag, am neunten August

Der Zug wird dreizehn Stunden fahren. Nachdem der Bahnhofsschutzmann einen letzten Versuch gemacht hat, mich, dieses Mal als „Südfranzosen", zu verhaften, aber vor der Durchschlagskraft meines Passierscheins kapituliert hat, stehe ich endlich auf dem Bahnsteig. Wie anders war es dir, als du vor zwei Monaten, am Derby-

Sonntag[56] hier auf diesem Bahnsteig eintrafst. Flaggen über Stadt und Hafen. Der Kaiser wie das Wetter: strahlend! In Autos, Equipagen, Dogcarts, Tausende und Abertausende mittags nach Horn und abends wieder heim. Seit einer Woche gönnen sich dieselben Millionäre nicht die Butter für ihr Rundstück[57], weil kein Schiff hereinkommt, keins hinausgeht, jeder Wechsel protestiert wird und das sicherste Papier entweder als Tapete oder sonstwie besser zu gebrauchen wäre denn für Geschäfte an der Börse, die geschlossen ist.

Muß dieses Erlebnis nicht doch Früchte tragen? Wird solch ein Zwang zu Sparsamkeit und Einfachheit nicht den und jenen von der Torheit seines früheren Erdenwandels überzeugen? Worum sie jahrelang von früh bis in die Nacht sich abgerackert, worum sie Frau und Kind und Kunst und Schönheit übersehen, worum sie sich erhitzt, gerauft, zerkratzt, gemordet haben: Das ist — vielleicht — für immer hin!

Dieser Krieg wird für manch eine Lüge tödlich sein. Während in ganz Deutschland auf höheren Befehl ein Bet-Tag stattfand, sind die Kirchen Helgolands und

---

[56] Galopprennen, das in Hamburg-Horn ausgetragen wurde. 1914 fiel das Rennen auf den Tag, an dem der österreichische Thronfolger Franz Ferdinand erschossen wurde.
[57] Ein klassisches Hamburger Gericht, bei dem ein Stück warmer Braten in ein Brötchen gelegt und dann, mit Bratensoße begossen, serviert wird.

meiner Insel gesprengt worden, weil sie dem Feind Zielpunkte waren. Ist eine tiefere Ironie zu denken? Wenn das Geld nicht mehr vor Armut und Gottes Haus nicht mehr vor England schützt, dann ist es vielleicht an der Zeit, Götzen und Götter zu pensionieren, sein Herz weder an irdische noch an himmlische Güter zu hangen, sondern sich auf sich selbst zu verlassen, auf seine offenen Augen, sein helles Hirn, seine starken Hände.

„Ich kenne nichts Ärmeres
Unter der Sonn' als euch Götter! (...)
Wer half mir
Wider der Titanen Übermut?
Wer rettete vom Tode mich,
Von Sklaverei?
Hast du's nicht alles selbst vollendet,
Heilig glühend Herz? (...)
Hat nicht mich zum Manne geschmiedet
Die allmächtige Zeit? (...)
Hier sitz' ich, forme Menschen
Nach meinem Bilde..." [58]

Die behalten hoffentlich auch nach dem Krieg die Eigenschaften, die, seit ich von meiner Insel herunter bin, plötzlich fast überall sichtbar geworden sind und

---

[58] Aus Johann Wolfgang von Goethes Gedicht „*Prometheus*".

sich auf dieser dauerhaften Fahrt bewähren: Güte, Milde, Nachsicht, Nächstenliebe, Tapferkeit, Geduld. Als ob nur ein bestimmtes Maß von Feindseligkeit in der Welt sein dürfte, scheint in dem Augenblick, wo draußen der Kampf begonnen hat, hier der Kampf aufgehört zu haben.

Ich stehe von früh um elf bis nachts um zwölf auf einem Fleck des Ganges, kann mich selten rühren und finde märchenhaft, was ich hier sehe. Keiner drängt. Keiner schimpft. Keiner klagt. Keiner wird müde. Jeder ist höflich, jeder ist lustig, jeder teilt mit jedem, was er zu essen bei sich hat oder auf den Stationen geschenkt bekommt — vom Oberlandesgerichtsrat bis zum Laufburschen. In Ludwigslust wird ein mächtiger Korb voll frischgepflückter Kirschen, etwa fünfundzwanzig Pfund, weniger hereingereicht als hereingeworfen. Ich fange ihn. Meine schöne, weizenblonde, knusprig braun gebrannte Nachbarin dreht aus meinen Zeitungen Tüten, ich fülle sie, ein Dritter verteilt sie, und als nach dieser erquickenden Mahlzeit eine Lehrerin ein humoristisches Danklied anstimmt, singen alle mit. Der Krieg wird nicht vergessen. Jeden Bahnhof schützen würdige Privatpersonen mit einer Flinte über der Schulter des schwarzen Sonntagsrocks.

Andere tragen Kopfbedeckungen und Wehrgehänge, die den Dreißigjährigen Krieg erlebt zu haben scheinen. Familien nehmen Abschied von den Ihren. „Adjüs, min Korl“, ruft Vetter Michel irgendwo vor Wittenberg, „Auf Wiedersehen im Massengrab!“

Der Rufer ist so drollig, daß nicht einmal dieser deftige Satz verletzt. Auch die Berlinerischen Humore blühen. Zwei siebzehnjährige Bengels schildern, wie sie, durch ein Papier als Kriegsfreiwillige beglaubigt, seit einer Woche kreuz und quer herum-karjolen, von Regiment zu Regiment, nichts tun, das Deutsche Reich besehen, unterwegs mit Liebesgaben überschüttet werden und manchmal gar noch bares Geld erbeuten — schildern das mit einer Drastik, die der Peinlichkeit des Unternehmens einen Teil von ihrer Schärfe nimmt.

Dem Volk wird jeder Tag zum Fest und selbst ein Riesenkrieg zur Industrie. Daneben lehnt ein Fähnrich der Marine. Wie aus den Büchern von ... — Verdammtes Kritikermetier! Umschattet. Spricht in den dreizehn Stunden keine Silbe. Lächelt nur manchmal, wenn den Witzen wirklich nicht zu widerstehen ist, ernst, beinahe bitter. Man hat genügend Zeit, sich eine Kindheit, einen Landsitz, eine Mutter, Schwestern, andere Frauen auszumalen. Adelig, als wäre dieses Wort auf ihn geprägt.

Voll Zucht in jeder Handbewegung. Bescheiden und doch selbstbewußt. Antinoos[59] aus Holstein. (Verdammtes...!) Seine Gegenwart ist wie ein Hauch von wundervoller Schwermut über aller Ausgelassenheit. Man wird in solchen dreizehn Stunden doch wohl mürbe. Denn ich denke mir, als wäre ich die *„Gartenlaube"*[60]*:* Wenn dieser eine Mensch von zweiundzwanzig Jahren, dieses Abbild der Gesundheit, Schönheit, Kraft, nicht aus dem Krieg zurückkehrt, ist der Gewinn des Kriegs zu hoch bezahlt!

Zwölf Uhr. Der Lehrter Bahnhof. Extrablätter: Viertausend Belgier gefangen. Der ganze Höllenlärm und Hexensabbat meiner teuren Vaterstadt. Ich bin da, wo ich doch nun einmal für die schwärzere Hälfte jedes Jahres hingehöre, und gehe morgen früh an meine Arbeit. Gute Nacht!

---

[59] Gefährte des römischen Kaisers Hadrian, der nach seinem Tode als Gott verehrt wurde.
[60] Sehr erfolgreiche deutsche Familienzeitschrift, die zuerst 1853 erschien.

Bereits erschienen:

Christian Peter Hansen

SYLTER SAGEN UND ERZÄHLUNGEN

Der Klassiker unter den Syltbüchern!

In C.P. Hansens klassischen Erzählungen wird das wilde, geheimnisvolle Sylt wieder lebendig.

Es ist eine Insel der Hexen und Helden, der Freiheitskämpfer, Geister, Piraten und Strandräuber, in die er seine Leser entführt.

Kunstvoll verwebt Hansen dabei alte Sagen mit historischen Fakten und Selbsterlebtem zu einem vielschichtigen Sylt-Panorama der Vergangenheit.

Sein berühmtes und gesuchtes Buch aus dem Jahre 1875 liegt hier erstmals vollständig in einer sorgfältig und behutsam modernisierten Fassung vor. Wer es liest, wird Sylt zukünftig mit anderen Augen sehen und hinter jeder Düne einen verwunschenen Ort voller Rätsel und Geschichten entdecken!

Edition Syltheld, Band 1.
ISBN 10: 3-932961-87-0.
ISBN 13: 978 -3-932961-87-8.

Julius Rodenberg

STILLEBEN AUF SYLT

„Sylt verdankt Rodenberg das schönste Tagebuch, das über die Insel geschrieben worden ist!“
Manfred Wedemeyer

1859: Sylt befindet sich in einer Phase des Umbruchs. Noch ist die Insel kaum bekannt, und sie scheint den meisten Zeitgenossen nur arm, rauh und unzugänglich zu sein. Dennoch reisen bereits die ersten Kurgäste und Sommerfrischler zu den neueröffneten Westerländer Badeanlagen.

In dieser Zeit des Wandels besucht der bekannte Herausgeber und Schriftsteller Julius Rodenberg zum ersten Mal die Insel und läßt sich von ihr verzaubern. Seine vielfältigen Eindrücke hält er in einem Tagebuch fest, das einen faszinierenden, nostalgischen Einblick in die frühen Tage des Sylter Reisebetriebs gewährt. Lebendig und anschaulich skizziert Rodenberg darin Menschen, Situationen und immer wieder die beeindruckende Natur der Insel.

Sein Reisebericht ist eine der schönsten Liebeserklärungen, die jemals über Sylt geschrieben wurde. Er hat auch heute nichts von seinem Reiz verloren und läßt eine längst vergangene Zeit wieder lebendig werden. Rodenbergs charmantes Buch liegt hier endlich zum ersten Mal in moderner Schrift und einer behutsamen sprachlichen Neubearbeitung vor.

Edition Syltheld, Band 2.
ISBN 10: 3-932961-69-2.
ISBN 13: 978-3-932961-69-4.

In Vorbereitung:

Dr. W. Abicht

DER CHAMPAGNER-ARZT

Neueste Erfahrungen über die wohltätigen diätetischen und arzneilichen Kräfte der Schaumweine, namentlich deren vorzügliche Wirkungen bei:

Magenkrämpfen, Erbrechen, Bleichsucht, Störungen der Menstruation, Stein- und Griesbeschwerden, Wassersucht, Katarrhen, Rheumatismen, Gicht, Asthma, Lungensucht, Nervenkrankheiten, fauligen Krankheiten, Skorbut, Brand, Unterleibskrankheiten, Verschleimungen, Rachitis, Skropheln, Darrsucht, chronischen Hautausschlägen etc.

Champagner gehört zu Sylt wie die beschwingte Nordsee-Brise. Gut zu wissen, daß der edle Schaumwein nicht nur für die sprichwörtlliche Laune sorgt, sondern darüber hinaus auch der Gesundheit dient. In diesem kuriosen Ratgeber eines Mediziners aus dem Jahre 1845 wird einwandfrei bewiesen: Der Champagnergenuß wirkt vorbeugend und heilend bei vielen Krankheiten und Wehwehchen, und er verlängert auch noch das Leben!

Das kostbare Original, von dem kein Exemplar in einer öffentlichen Bibliothek nachgewiesen ist, liegt hier in moderner sprachlicher Bearbeitung vor und wurde ergänzt um einige Rezepte u.a. von Sylter Köchen für feine Champagnergerichte und -Cocktails.

Edition Syltheld, Band 3.
ISBN 10: 3-932961-71-4.
ISBN 13: 978-3-932961-71-7.